Cai Yuanpei y la educación en la República de China (1912-1949)

Alexandra Magdalena Mironesko

Cai Yuanpei y la educación en la República de China (1912-1949)

 Renacimiento de Asia Oriental XXVIII

EDITORIAL COMARES • Granada 2024

EDITORIAL COMARES

RENACIMIENTO DE ASIA ORIENTAL

Director de la colección:

JAVIER MARTÍN RÍOS

http://renacimientodeasiaoriental.blogspot.com.es/

Maquetación: Natalia Arnedo

© Alexandra Magdalena Mironesko

© Editorial Comares, 2024
Polígono Juncaril
C/ Baza, parcela 208
18220 Albolote (Granada)
Teléfono 958 465 382

https://www.comares.com • E-mail: libreriacomares@comares.com
https://www.facebook.com/Comares • https://twitter.com/comareseditor
https://www.instagram.com/editorialcomares

ISBN: 978-84-1369-846-5 • Depósito legal: Gr. 1350/2024

Impresión y encuadernación: Comares

SUMARIO

PRÓLOGO

Por Javier Martín Ríos

No hay duda de que la educación es la raíz de la modernización de un país, esa continua necesidad de actualización de los conocimientos a la par que evoluciona una sociedad según las circunstancias de su tiempo, no sólo de forma interna sino también en comunicación con los procesos de reforma que recorren el mundo y cuyas influencias sobrepasan las propias fronteras nacionales. Teniendo en cuenta esta base, podemos adentrarnos en este excelente estudio de Alexandra Magdalena Mironesko sobre la educación en la República de China (1912-1949), centrado especialmente en Cai Yuanpei (1868-1940), figura clave en la reforma de la educación entre finales de la China imperial y las primeras décadas de la China republicana.

El estudio que aquí prologamos es fundamental para entender no sólo la China de la primera mitad del siglo XX, sino también para entender su posterior desarrollo hasta llegar hasta la actualidad. La base de la educación de la China de hoy está en ese proceso reformista que abanderaron intelectuales como Cai Yuanpei, junto a tantos hombres y mujeres de su tiempo que participaron en tan encomiable labor, a pesar de ese trasfondo histórico marcado por la inestabilidad política y el enfrentamiento bélico a los que se vio sometida la China republicana durante largas décadas.

Para comprender el proceso de reforma de la educación durante la República de China, Alexandra Magdalena Mironesko nos introduce, en un principio, en el sistema educativo que existió hasta el fin de la dinastía Qing (1644-1911), la educación clásica china, configurada en torno al confucianismo y un sistema milenario de exámenes oficiales que estuvo vigente hasta 1905, cuando fue abolido, siendo una fecha clave, un antes y un después en la historia de la educación de este país; pero, además, nos adentra en otras ramas históricas del conocimiento, como las matemáticas, las ciencias exactas, las leyes, la instrucción militar, la música o la educación femenina, que son fundamentales y hay que tener en cuenta para comprender todo el proceso posterior. En este sentido, los últimos años de la dinastía Qing serían decisivos para todo el desarrollo histórico que engloba la temática estudiada: China, a lo largo de la historia, había sido el referente de la civilización de toda Asia oriental, pero con la decadencia de la dinastía Qing comenzó a perder dicho peso cultural y otros países emergentes, como fue el caso emblemático del Japón de la Era Meiji (1868-1912), sin olvidar las influencias cada vez más importantes de Europa y Estados Unidos, ocuparon ese referente que China había tenido históricamente en la civilización asiática.

Después de la introducción a la educación clásica, Magdalena Mironesko nos presenta el gran cambio habido en el mundo educativo chino a caballo entre los siglos XIX y XX, partiendo de intelectuales reformistas de gran influencia al final de la dinastía Qing, como Zhang Zhidong (1837-1909), Kang Youwei (1858-1927) y Liang Qichao (1873-1929), siguiendo con la fundación de la Universidad de Pekín (1898), y sus instituciones precedentes (Tongwenguan y Zongli Yamen), para luego adentrarse en la figura capital de Cai Yuanpei, el educador clave de todo este ensayo y de este proceso de transformación durante la primera mitad del siglo XX; gracias a la investigación de Magdalena Mironesko, el lector en lengua española va a tener acceso a la trayectoria de uno de los intelectuales imprescindibles de la China republicana, en paralelo al discurrir de la historia cultural de este país.

Cai Yuanpei representa perfectamente al intelectual reformista entre las postrimerías de la China imperial y la República de China: educado, en un primer momento, en una sólida educación clásica, luego pasaría a convertirse en un activo educador que volcaría todo su esfuerzo en reformar un sistema educativo tradicional, ya anquilosado para las necesidades del siglo XX, y crear un sistema educativo moderno a la altura de la nueva China nacida bajo el impulso de la República. Sus estancias académicas en Alemania, en la Universidad de Leipzig, y en Francia, donde fundó la Sociedad Franco-China de Educación (1915), ampliaron sus perspectivas y su compromiso para la regeneración educativa de su país. Esa amplia formación académica, tanto china como extranjera, le sirvió para llevar a cabo su reforma educativa en las principales instituciones académicas de la nación, en las que se destacan sus funciones como haber sido el primer ministro de Educación de la República de China, su puesto de rector de la Universidad de Pekín o la dirección de la Academia Sínica de China. En todas estas instituciones de máximo nivel dejó una huella imborrable y su desempeño educador sembró la base de la educación china del siglo XX.

En definitiva, este ensayo de Alexandra Magdalena Mironesko significa una gran aportación en los estudios de la China moderna en el panorama de la sinología hispánica; en primer lugar, se recupera y nos da a conocer con profundidad una figura clave en la cultura china del siglo XX como fue el caso de Cai Yuanpei, al mismo tiempo que entendemos las coordenadas culturales e intelectuales del período histórico que abarca este estudio; y, en segundo lugar, Magdalena Mironesko reivindica con su investigación el papel de la educación en la trasformación pacífica de las sociedades, el verdadero motor de progreso del mundo en el que vivimos.

INTRODUCCIÓN

La educación es uno de los cimientos más importantes para cualquier civilización, siendo la base de la preservación, análisis y transmisión del conocimiento entre los miembros de una comunidad. Más que una rama, es su propio tronco académico que se extiende a lo largo de decenas de campos de investigación, desde la educación matemática y científica hasta la lingüística, pasando por la artística y musical y aquella de índole religiosa y ética. En definitiva, la educación es uno de los pilares que hace al ser humano lo que es.

Del mismo modo que las culturas de distintos países pueden ser enormemente diferentes, ocurre algo similar con la educación: las variadas circunstancias que envuelven a estas comunidades las llevan a crear o enfatizar un tipo de educación que tal vez se desdeña o no se presenta en otras.

El caso de la educación china es un buen ejemplo: teniendo como base la educación clásica con el modelo confuciano, la instrucción académica tenía una serie de características que la diferenciaban de la enseñanza de otros países. El contexto de esta educación y del propio país hizo que acabara en una situación controversial y delicada. Por suerte, la educación es algo flexible con gran margen de mejora y reforma, en especial cuando se realiza buscando un progreso para la nación involucrada. Este es el caso concreto de la China del periodo republicano entre 1912 y 1949, una etapa convulsa para el país que, sin embargo, dio lugar a una gran evolución en el ámbito académico y educativo.

Del mismo modo que es importante señalar esta transformación, más aún resulta relevante destacar algunas de las personalidades que hicieron posible esa realidad. En esta monografía, se busca realzar y acercar la figura de Cai Yuanpei, quien fuera ministro de educación, rector de la Universidad de Pekín y siempre un incansable intelectual y educador.

La presente monografía consta de dos partes con sus correspondientes capítulos y subcapítulos, para mejor separación y mayor comodidad de lectura. En la primera se facilita un breve contexto de la situación de China anterior a la República (1912) con el objetivo de resaltar los pasos previos dados en pos de la educación. En la segunda se tratará de lleno la labor de Cai Yuanpei, desde sus primeros años hasta los últimos de su vida, y el fascinante recorrido que llevó como pedagogo e intelectual, dividiéndose así el capítulo en cinco apartados ordenados cronológicamente.

Con este trabajo, se espera ante todo poder echar algo de luz a algunos de los nombres más importantes y emblemáticos de China en ese periodo, puesto que siendo la educación uno de los pilares más importantes para cualquier civilización, rara vez son sus adalides tan laureados como los estrategas militares, jefes políticos o líderes espirituales. Sin embargo, son un grupo al que, independientemente de la frontera o nación, se les debe muchísimo. Este trabajo pretende ser no sólo una obra para transmitir y facilitar la información sobre este intelectual, tan poco conocido fuera de China, sino también como homenaje a una de las labores más importante del mundo, que hace que precisamente la humanidad pueda seguir hacia adelante y que el ser humano pueda, en definitiva, seguir siéndolo.

1
EL PANORAMA HISTÓRICO

El panorama histórico que rodea a la figura de Cai Yuanpei, tanto antes como después de su nacimiento y muerte, se caracteriza por un lado por el anhelo de cambios y reformas y por otro por los conflictos y choques intelectuales, políticos, sociales y éticos, los cuales cambiarían el curso de la historia de la China moderna, aunque no siempre en un proceso pacífico y pausado.

Mientras las potencias europeas (especialmente el Imperio Británico bajo el gobierno de la Reina Victoria) y los Estados Unidos crecían y se anexionaban terrenos a su paso, China se mantenía prácticamente imperturbable, sin dudar de su propio poder y liderazgo en el Este del continente euroasiático. Como nación autosuficiente no necesitaba de los lazos comerciales con los países occidentales, a los que percibía más como súbditos que como posibles aliados o iguales. No pocos historiadores y expertos, tales como Duiker (1977) o Schirokauer y Brown (2006), afirman que, precisamente al estar China absorta en sí misma y desdeñar las otras naciones, ignoraba así el potencial peligro que representaban si el gigante asiático no reaccionaba rápido y, sobre todo, diplomáticamente.

I. Las guerras de la China Imperial de los siglos xix-xx

El gobierno Qing (1636-1912) seguía mirando a los extranjeros y sus países (en su opinión, insignificantes) por encima del hombro. El orgullo acumulado durante miles de años de historia en la que China se alzaba como triunfadora invencible y superior fue la misma carga que la hundió en una penosa situación de desventaja, mostrándose como realmente era (atrasada, anticuada en lo militar, social y educativo) en lugar del adalid de poder en Asia, como ella a sí misma se percibía. Mientras que en Europa y en los Estados Unidos se fundaban universidades y se avanzaba a pasos agigantados en ciencia y tecnología, en China aún se seguía el sistema de exámenes imperiales y se alababa al emperador como una figura prácticamente divina.

Fue precisamente este orgullo, seguridad en sí misma y autocomplacencia de esta milenaria nación la que se volvió en su contra como una bomba a punto de estallar, y esa imagen de poderoso imperio empezó a resquebrajarse penosamente con las contiendas más duras para China en el siglo XIX: las Guerras del Opio (1839-1842 la primera; 1856-1860 la segunda) y la Primera Guerra Sino-japonesa (1894-1895). Aunque fueran unos golpes muy duros para China, fue también la herida que la «despertó» de un sueño de grandeza que amenazaba con destruirla si no se tomaban a tiempo drásticas medidas. Con estas derrotas presentes, con la comprensión que el soberbio gigante tenía más bien los pies de barro, comenzaría para China una carrera a contrarreloj, a menudo contradictoria, confusa y difícil por la supervivencia en un nuevo panorama geopolítico en la que ya no era líder, sino un premio para los más fuertes.

1. Las Guerras del Opio

El imperialismo británico en el siglo XIX se caracterizó por el acelerado desarrollo tecnológico, las reformas sociales y educativas; sin embargo, las islas británicas como tal no podían proveer de todo cuanto realmente consumía el imperio. Su incapacidad de autoabastecerse los movía a buscar otras tierras de las que obtener los recursos. Debido a la producción de especias, alimentos, materiales y otros bienes considerados de lujo, Asia se convirtió así en un objetivo con el que negociar, contactar y, en la mayoría de los casos, explotar. Por su parte, China era básicamente autosuficiente, lo que le permitía el lujo de no necesitar de relaciones comerciales internacionales para proporcionar a su población el alimento, ropa o techo, y de este modo el país podía estar más centrado en sus asuntos internos. Irónicamente, en su orgulloso aislamiento, China ignoraba todos los avances y cada vez más, inconscientemente, se mantenía congelada en un tiempo que no correspondía al resto del mundo, ensimismada en las enseñanzas clásicas de corte confuciano.[1]

Es así que, en sus primeras tomas de contacto con el Imperio Británico, mucho antes del reinado de Victoria (1837-1901, años del periodo victoriano), la corte Qing en la capital trató a los diplomáticos ingleses más como súbditos que como posibles iguales, comenzando mal sus políticas internacionales:

> Cuando la misión encabezada por Macartney llegó a Beijing en 1793 con la esperanza de ampliar las relaciones comerciales (…) los chinos calificaron los regalos que el rey Jorge III de Inglaterra envió al emperador Qianlong de «tributo» (…), rechazaron todas sus peticiones, políticas y económicas (Schirokauer & Brown, 2006, p. 304).

---

[1] Sobre la situación sociopolítica y económica de China a finales del siglo XIX y principios del XX, véase entre otros: Busquets, Gavín, Cantón & Ortega (2013); Ceinos (2006); Chudodéev (2013); Fairbank & Liu (2008); García-Noblejas (2012); Gernet (2005); Gray (2002); Martinelli (1975); Nepomnin (1980; 2005; 2011); Roberts (2008); Schirokauer & Brown (2006); Von Glahn (2016) y otros.

Esto no mermó el interés del Imperio Británico en las relaciones comerciales con China; después de todo, Gran Bretaña dependía en mayor medida de la importación de materias y bienes de otros países. En el caso de China, se lucraban con una mercancía concreta: el té. Aunque el preciado producto no era un desconocido en Gran Bretaña, pronto adquirió un estatus superior, convirtiéndose en un artículo muy ambicionado:

> El té (...) fue considerado inicialmente un brebaje exótico con propiedades medicinales, más tarde se hizo popular como alternativa benigna a la ginebra y finalmente pasó a convertirse en un artículo de primera necesidad en la vida inglesa (Schirokauer & Brown, 2006, p. 304).

Sin embargo, mientras que China podía proveer en un provechoso comercio millones de kilogramos de té, el Imperio Británico carecía prácticamente de bienes para equilibrar esta balanza comercial:

> (...) el «monótono» comercio de relojes, cajas de música y objetos curiosos era insuficiente para garantizar un equilibrio comercial (...). Los ingleses, al no ser capaces de encontrar ningún artículo europeo que los chinos quisieran (...), recurrieron a la India y el comercio «intra-asiático» entre India y China, que gestionaban, bajo licencia de la Compañía de las Indias Orientales, empresas privadas de súbditos británicos (Schirokauer & Brown, 2006, p. 305).

La mercancía elegida para contrapesar el negocio entre británicos y chinos y lograr alguna ganancia por el comercio del té era una sustancia conocida en China, pero que únicamente entonces se convertiría en la primera de las muchas heridas que sufriría el imperio asiático: el opio. Empleado tradicionalmente como medicamento en algunas circunstancias, no era habitual su uso inhalado. Sin embargo, mientras que el té tuvo su efecto positivo y hasta «medicinal» en Gran Bretaña, el opio fue un veneno que se extendió rápidamente por China, volviendo a millones de chinos en dependientes de esta droga de rapidísima tolerancia y absorción. Tal fue la drogodependencia a esta sustancia que el Imperio Británico comenzó a tener ganancias muy por encima de lo que pagaban por el té chino, e incluso funcionarios y comerciantes corruptos se enriquecían mediante la venta por contrabando:

> (...) para pagar el té, a los chinos les vendían un veneno. Como eran los comerciantes privados los que introducían el opio en China, la Compañía de las Indias Orientales negaba su responsabilidad en el tráfico ilegal (...) al tiempo que se beneficiaba de la venta de opio (...) (Schirokauer & Brown, 2006, p. 305).

La compra del opio desestabilizó económicamente a China enormemente, sin mencionar de los millones de dependientes y fallecidos por esta sustancia. Tan dolorosa era la abstinencia que, por una pequeña cantidad, se pagaban pequeñas fortunas: «'Opium is like gold', wrote an agent. 'I can sell it any time'» (Walkeman, 2008, p. 172). Un pequeño archipiélago de islas había puesto en jaque al imperio Qing.

Incluso a finales del siglo XIX a la sociedad occidental se le transmitía un cínico mensaje sobre el carácter inofensivo de la inhalación del opio y todo ello con el fin de defender los intereses comerciales del Imperio Británico. Así, en 1882 el asesor británico, Mr. Buereton, narraba sus quince años de experiencia personal en Hong Kong:

> stating that opium smoking, as practised by the Chinese, is perfectly innocuous. He then notes the ideas as to the trade prevalent in England, ideas which he declares to be unfounded on fact and contrary to the opinion of all Europeans and Americans in China, with the exception of the missionaries. It is, in fact, he says, on a par with tea-drinking and smoking; he had known hundreds of Chinese who had smoked from their earliest days, but never observed any symptoms of decay in them. He sums up that the charge against England's good name is foul and untenable (Couling, 1917, p. 407)

No faltaron, sin embargo, quienes intentaran detener el tráfico de opio en China, como fue Lin Zexu (1785-1850), quien llegaría a escribir a la reina Victoria y no dudó en sentenciar a la pena máxima a los extranjeros descubiertos vendiendo esta sustancia, o incluso quemar toneladas de este narcótico requisadas. Sin embargo, sus nobles propósitos sólo despertaron la furia de los comerciantes británicos, quienes presentaron sus quejas y protestas en Londres. El Imperio Británico, imposible de ser convencido en suspender su venta de aquel estupefaciente que tanto dinero le facilitaba, tomó medidas militares contra China, produciéndose el primer enfrentamiento en 1839, dando comienzo así a lo que sería la Primera Guerra del Opio (1839-1842).

En un principio, el Imperio Británico, al llegar con su flota a Cantón, no esperaba ninguna defensiva, pues principalmente su intención era la de persuasión diplomática: sin embargo, el Imperio Qing había desplegado sus navíos para defender la costa y abrieron fuego, obligando así a los ingleses a contestar. Los resultados fueron desastrosos para China, cuyos barcos no tuvieron ninguna posibilidad contra la flota británica, mucho mejor preparada, con mayor potencia y claramente más moderna. Subestimando al Imperio Británico, China había iniciado el fuego y acabó con una derrota vergonzosa y, de alguna manera, desconcertante. Habiéndose visto a sí misma como una nación poderosa y a la vanguardia, despreciando a las naciones extranjeras al verlas como pequeños países sin un poder real, subestimó el auténtico potencial económico, militar y tecnológico de estos estados, desvelando así la realidad de China: una nación anquilosada en el pasado que había ignorado cómo el mundo avanzaba a zancadas a su alrededor.

La Segunda Guerra del Opio (1856-1860) no tardó en suceder. En 1842, tras la Primera Guerra del Opio, se firmó el Tratado de Nankín, el cual resultaba insultante y humillante para China: entre otras cosas, cedía el territorio de Hong Kong, estaba obligada a pagar los gastos de la guerra y el comercio británico estaría protegido. Cuando en 1856 las autoridades detuvieron al navío «Arrow», el cual estaba registrado en Hong Kong (territorio cedido a los británicos), los ingleses tomaron Cantón en represalia, dando así comienzo a la Segunda Guerra del Opio, con un resultado prácticamente idéntico al de la primera contienda, con humillante acuerdo incluido, el Tratado de Tianjin, otorgando aún más facilidades a los británicos (apertura de puertos en China, pago de indemnizaciones por la guerra, permisos de compra de edificios y tierra a los extranjeros, etc.).

Estas dos desastrosas y denigrantes derrotas en poco más de dos décadas resultarían no solamente un golpe muy fuerte para la nación en los aspectos geopolíticos y económicos, sino que afectaron enormemente la moral de la población. Lamentablemente, no sería la única herida que China sufriría, pues entre ambas aún sucedió otra contienda bélica, también acabada en fracaso, que minaría la poca autoestima que el antaño orgulloso imperio Qing podía mantener.

2. La Primera Guerra sino-japonesa

Antes de las Guerras del Opio, los principales objetivos de las potencias extranjeras en Asia era abrirse paso en el comercio con China para explotar sus bienes y materiales. Resultaba así inevitable el paso de navíos mercantes forasteros por el archipiélago japonés, buscando, principalmente, abastecerse y establecer puertos mercantiles cercanos a China, si bien era común que el gobierno nipón se negara a tales peticiones y expulsara a los *bárbaros* occidentales. Sin embargo, al contrario que China (y conocedora de los resultados de la Primera Guerra del Opio), Japón comenzó rápidamente un periodo de apertura, reconociendo el poder de los militares extranjeros y sus avances. El aprendizaje de los conocimientos occidentales fue raudo, al punto que poco después de la Primera Guerra del Opio ya funcionaban en Japón los primeros altos hornos para fabricar acero de calidad. La caída del Shogunato supuso un cambio social y político delicado en el imperio que, sin embargo, comenzó un rápido proceso de reparación durante la Era Meiji (1868-1912); el crecimiento de Japón en esos años en los que China aún intentaba agarrarse a la idea de gran potencia asiática fue a pasos agigantados; y esto hizo que pronto Japón dirigiera su atención al resto de Asia en sus ideas expansionistas.

Buscando aprovecharse de la situación y papel de Corea (que era más un reino satélite, dependiente de China), Japón llegaría a presionar al pequeño país para firmar una serie de tratados y acuerdos de desvinculación de China, lo cual causó ciertas protestas y conmociones en el celeste imperio. La situación se exacerbó cuando estalló la Rebelión Tonghak en Corea (1894-1895) contra el gobierno corrupto del país; Corea pediría ayuda militar a China, pero el ejército japonés intervino, llegando a tener cautivos al rey y a la reina de Corea. China respondió mandando más tropas, y prácticamente todo el mundo atento a esa contienda esperaba que China fuera la vencedora; no obstante, resultó una gran sorpresa comprobar que Japón, tanto por tierra como por mar, era la ganadora de esa guerra.

Analizando las posibles causas de la derrota de China, coinciden ciertos factores que también la hicieron perdedora de la Primera Guerra del Opio y que aún arrastraría para la Segunda Guerra del Opio: de nuevo, China contaba con un equipamiento técnicamente inferior en comparación con Japón, y no tenía un gobierno tan organizado y unificado como el de los nipones. La firma del Tratado de Shimonoseki (1895), que cedía las islas Pescadores, Taiwán y permisos de control en Corea (además de la correspondiente indemnización por la guerra) era ya la segunda gran humillación por parte de otra nación que China había subestimado.

La desilusión en la población crecía peligrosamente, y aunque el sector más tradicionalista de China se negara a encarar la dura realidad, el número de opositores al sistema clásico era cada vez mayor. Muchos intelectuales, progresistas y entusiastas de espíritu reformista (entre los cuales figuraría Cai Yuanpei) fueron conscientes de un hecho imposible de negar o ignorar: China se encontraba dentro del activo panorama geopolítico mundial e iban a ser habituales las relaciones internacionales con otras naciones y potencias. Resultaba vital para China poder ponerse a la par con el resto de los países modernos si quería sobrevivir como tal y no ser una colonia más al servicio de la corona británica o del expansionismo japonés.

Sin embargo, el primer paso para conseguir tal fin de supervivencia era analizar y encontrar de dónde provenía esta debilidad, y pronto hubo un consenso más o menos general referente a las causas de las derrotas de China: un sistema político anticuado, unas fuerzas armadas obsoletas y tecnología atrasada e ineficaz, así como una educación desfasada. Del mismo modo, el tipo de sociedad, los valores inculcados en su sistema educativo y su arrogante indiferencia por el resto del mundo serían los que se volverían contra los mismos chinos; mientras que en Europa y Estados Unidos la Revolución Industrial avanzaba a pasos agigantados, China seguía sumida en su estatus feudal tradicional; mientras que al otro lado del continente euroasiático se experimentaba con el vapor y la electricidad y las mujeres empezaban a frecuentar las aulas académicas universitarias, en China aún no existía como tal una institución de educación superior. Rápidamente y bajo la desatenta mirada del imperio Qing, el resto del mundo, especialmente el occidental (Europa y Norteamérica, además de Japón) estaba no alcanzando, sino superando al coloso asiático.

2

EL CONTEXTO EDUCATIVO

En el ámbito educativo destacaba el sistema de exámenes para funcionarios. Estas complicadas pruebas englobaban, principalmente, el estudio de los clásicos literarios de Confucio y otros filósofos, así como comentarios y reflexiones sobre los textos; sin embargo, la enseñanza de las ciencias, matemáticas, historia, etc. quedaba relegada a un segundo plano que era incapaz de proporcionar un ascenso social real. Menos aún importaba la educación femenina, que tenía por objetivo la formación de una correcta esposa, mientras que la instrucción militar estaba anquilosada y anclada en el pasado. Únicamente el estudio de los clásicos ofrecía una oportunidad real de cambiar de estatus social, y para lograr este fin todo el currículum de aprendizaje se centraba en esas obras. Dicho de otro modo; la única educación que constaba de auténtica importancia era una que carecía de usos prácticos y pragmáticos, algo que sería de vital importancia en los años venideros (Bailey, 2012).

Este brote de conciencia sería el primer paso por el camino de progreso y desarrollo de China; la idea había sido ya plantada y acabaría por germinar, aunque sería sin duda un trayecto largo y el proceso lento. Prueba de ello son los movimientos de modernización, tanto anteriores al nacimiento de Cai Yuanpei y la República de China hasta aquellos del siglo XX, muchos años después de la muerte de los primeros grandes reformistas e intelectuales.

I. LA EDUCACIÓN CLÁSICA CHINA

Para comprender las deficiencias y debilidades de China en el siglo XIX y principios del XX es necesario volver la vista atrás en el tiempo para analizar los factores que convirtieron al Imperio Qing en un gigante de pies de barro.

Se puede afirmar que en sus miles de años de historia y bajo la influencia de diversas culturas y acontecimientos, la nación china creyó (erróneamente) haber alcanzado la cumbre de su desarrollo, sin necesidad de seguir evolucionando, lo cual supondría, con una cruel ironía, el punto débil de China en el siglo XIX. Su rica y milenaria educación clásica, basada en Confucio y los exámenes, no podía hacer frente a los frutos de la educación occidental, la cual se apoyaba en el pragmatismo.

1. Confucio como base de la educación clásica china

Resulta imposible analizar la educación china clásica sin destacar el papel de Confucio (551-479 a.C.), cuyas lecciones trascendentales pervivieron casi 2500 años y todavía a día de hoy son un referente en la filosofía. Gran estudioso en su juventud, no fue hasta los cincuenta años que pudo dedicarse a su vocación de maestro e instructor, teniendo numerosos seguidores y alumnos y ganando cada vez mayor fama en China. Compartía sus opiniones, tanto en el ámbito político como social, pero ante todo sus preceptos e ideales filosóficos y morales, haciendo especial hincapié en el concepto de la virtud, la sociedad en armonía y la pedagogía. Es así como la tradición confuciana es reconocida por estas tres características principales:

> (...) (1) sus miembros son en su mayoría personas doctas o ilustrados intelectuales (...); (2) se comprometen a difundir e interpretar los clásicos, (...); y (3) se esfuerzan por llevar a la práctica, política y éticamente, colectiva e individualmente, los principios contenidos en los clásicos (...) (Yao, 2001, p. 54).

Las populares enseñanzas de Confucio fueron recopilaciones, discursos y antologías de prédicas recolectados por sus alumnos, y no *escritos* por él como erróneamente pudiera creerse. Los más importantes y reconocidos son los *Cuatro Libros* (la obra en la que se incluyen las *Analectas* y los *Cinco Clásicos),* los cuales asentarían las bases de la pedagogía china posterior, así como los pilares de la formación moral y ética de la sociedad, valores que perdurarían y se mantendrían hasta el siglo XX. Podría afirmarse, además, que la visión del modelo educativo confuciano se debe en gran parte a la trayectoria personal del mismo Maestro, lo que justificaría el apego por los valores tradicionales y a la dinastía. Además, siendo miembro del estrato social de los intelectuales o «shi», intermedia entre la clase social militar y la de campesinos y artesanos, puede comprenderse el valor personal que Confucio le daba la pedagogía, siendo esta no sólo un campo de interés genuino para él, sino parte activa de su vida y su estatus, adquirido y heredado prácticamente desde el nacimiento. De este modo, Confucio no sólo fue un ávido estudioso, sino también un activo transmisor de los conocimientos:

> Confucio fue ante todo un maestro, y todo su pensamiento está contenido en su enseñanza. Al principio, está «el aprender» cuya importancia (...) corresponde a su íntima convicción de que la naturaleza humana es eminentemente perfectible: el hombre puede perfeccionarse infinitamente (Cheng, 2006, p. 58).

Esta creencia de la perfección del hombre sobrepasaba barreras sociales o económicas; para Confucio, cualquier persona podía mejorarse a sí misma mediante el estudio y el aprendizaje para llegar a ser un «hombre de bien», con lo que convertía sus enseñanzas en algo al alcance de todos sin importar su estrato social. Otra característica que explica el éxito de la difusión de sus ideas era su capacidad de asentar sus enseñanzas en las tradiciones clásicas, las normas culturales y éticas ya establecidas, a través de las cuales Confucio y sus discípulos transmitían el mensaje de respeto a la gente instruida y culta:

Uno de los rasgos que sirven para distinguir al confucianismo (…) es su compromiso con el estudio y la transmisión de los antiguos clásicos. (…). Su fama (de Confucio) se basa en el hecho de que personifica la cultura antigua. Siguiéndole, cada generación de maestros y estudiosos confucianos hizo una aportación al saber (…). Como la tradición de los letrados, el confucianismo se apoya en el espíritu de la erudición (Yao, 2001, pp. 52-53).

Podría incluso decirse que Confucio fue un gran impulsor del estudio en sí más que un maestro y educador, pues para él el aprendizaje estaba relacionado con el destino humano y la naturaleza; eran más importantes la continua instrucción y perfeccionamiento del aprendizaje que la simple formación: «El aprendizaje se transforma así en el yo de uno y conserva lo virtuoso» (Yao, 2001, p. 53). Estos conceptos trascendieron y prevalecieron durante siglos hasta que la idea de formar a un hombre ideal se convirtió en el punto de partida para la creación de los exámenes civiles, esto es, las pruebas de acceso al funcionariado. Estos controles definirían, en teoría, a los buenos estudiosos y letrados, perfeccionados mediante la instrucción y la constancia. Tal fue la importancia de estos exámenes y esta metodología que en cierto modo determinó el modelo de enseñanza hasta los siglos XIX-XX. El orientalista y sinólogo ruso Korostovets (1862-1933), observó, tras sus misiones diplomáticas en China (1890-1913), que:

La educación, acorde a los filósofos y sabios chinos, siempre ha servido de medio para conseguir la perfección moral: el estado al cual, según Confucio, tiene que anhelar cada persona. (…) no sólo el deseo de alcanzar la perfección moral obliga al chino a dedicar muchos años de su vida al aprendizaje: él persigue un objetivo más práctico: la obtención de la borlita de funcionario y todo lo relacionado con la ocupación de un puesto oficial. (…) Hay que tener en cuenta que para los chinos la única y común restricción para acceder al trabajo es la educación (grado académico) (1892, p. 173 –trad. de la autora).

Es de gran importancia remarcar aquí las palabras citadas de Korostovets, «la obtención de la *borlita* de funcionario»; y es que tan relevante condición alcanzaron las enseñanzas de Confucio que básicamente alrededor de ellas orbitaba toda la educación clásica, de manera que el buen aprendiz que lograra educarse e instruirse en tales dogmas demostraba ser apto para el honorífico cargo de funcionario. Es así como, paradójicamente, se desarrollaría y se desvirtuaría la esencia de lo que Confucio pretendía transmitir: el estudio de los clásicos sería una manera de conseguir un puesto de trabajo estable y socialmente muy bien visto, en lugar de ser un objetivo en sí de la perfección y constante aprendizaje. El mismo Confucio ya había criticado en su momento el sistema de educación basado en la memorización, y no podría sino considerarse una triste profecía:

(…) ¿Dices que puedes recitar de memoria las trescientas Odas? Pero imagina que ocupas un cargo y no estás a la altura, o que te encargan una misión en el extranjero y no sabes contestar por iniciativa propia. ¿De qué te servirá toda tu literatura? (Cheng, 2006, p. 59)

El modelo de enseñanza que el Maestro había criticado terminó por ser la norma en la educación, pero a pesar de su larga durabilidad, acabaría por demostrar su ineficacia. Y esta profanación de lo que realmente pretendía difundir el Maestro puede verse y analizarse dentro del sistema de exámenes oficiales.

2. Los exámenes oficiales

Los exámenes oficiales chinos del sistema educativo clásico era un complejo y jerarquizado sistema de pruebas organizado en distintos niveles según el territorio; comenzaban con los más sencillos en los distritos, ascendiendo a las prefecturas y pasando por uno de eliminación (siendo estos tres exámenes conocidos como «exámenes de la juventud» (Miyazaki, 1981, p. 19), ascendiendo posteriormente a los provinciales, a los metropolitanos y finalmente al más alto nivel, los de palacio en la capital. Estos exámenes fueron el principal tronco de la educación china clásica, perdurando desde la dinastía Han (202 a.C-220 d.C.) hasta 1905 (abolidos por la Emperatriz Viuda Cixi). Tales exámenes se dividían en distintos niveles, organizándose de la siguiente manera: el primero de los exámenes para los candidatos eran los del distrito, continuando con los de prefectura y un tercer control eliminatorio de calificación, el último de esta primera etapa. Superadas estas pruebas, los estudiantes eran entonces aceptados en academias para continuar su instrucción de cara a los posteriores exámenes, los cuales eran el provincial, el metropolitano y finalmente el de palacio.

Estas pruebas suponían una promoción social tan importante que era habitual que muchísimos candidatos pasaran gran parte de su vida realizando estas pruebas hasta avanzada edad:

> En el examen a menudo se encuentran personas de distintas generaciones: el abuelo, el hijo y el nieto, que aspiran a conseguir el mismo título. El Título de Honor se otorga anualmente a decenas de estudiantes ancianos de 80, 90 y 100 años solamente por ser aplicados y constantes. Obviamente, la mayoría de estos Matusalenes, que pasaron sus vidas detrás de la estéril ciencia china, acaban tras ese tiempo en un estado de total idiotez (Korostovets, 1892, p. 180 – trad. de la autora).

Superar esas pruebas no era una tarea fácil, no únicamente por su complejidad y preguntas que tenía que contestar los aspirantes, sino por todo el largo camino que suponía prepararse para ellas.

> El modelo de los exámenes era muy rígido y sin apenas modificación alguna hasta su abolición en el siglo XX: se utilizaba el sistema de escritura de ensayos en ocho partes para las respuestas, el conocido como Ba Gu Wen o de ocho partes, el cual se organizaba en: (1) apertura; (2) amplificación del tema; (3) exposición preliminar; (4) argumento inicial; (5) argumento central; (6) argumento posterior; (7) argumento final y (8) conclusión (Elman, 2009, p. 696). Esta fórmula «tiene de positivo ayudar a ejercitar la memoria y desarrollar la mente; (…) y de negativo la pérdida de tiempo pensando ese sistema tan cerrado» (Lui, 1991, p. 43).

Así pues, podemos encontrar ya aquí la que sería, para consternación de Confucio de haberlo visto, la principal metodología para aprobar estos exámenes: el desarrollo de la memoria y la réplica de las respuestas por encima de la absorción consciente de los conocimientos adquiridos.

El contenido habitual de los exámenes para acceder al rango de funcionario estaba extraído generalmente de los libros clásicos del confucianismo (*Cinco Clásicos, Cuatro Libros*, etc.), y los candidatos tenían que reconocer correctamente el fragmento presente para completar y reproducir el texto restante. En ocasiones, el enunciado de las preguntas cambiaba ligeramente para esclarecer o dificultar al estudiante la tarea. Una vez reconocido el fragmento a completar, no bastaba con completar el resto del texto original y redactar el correspondiente comentario, sino que se esperaba que el alumno hiciera un uso correcto de técnica, composición y caligrafía, así como demostrar su dominio de cuestiones relacionadas con ritos y leyes (Miyazaki, 1981, pp. 20-21). En definitiva, los exámenes ponían a prueba los conocimientos de los clásicos confucianos, sus aptitudes de comprensión lectora, destrezas de escritura y, principalmente (aunque no fuera lo primario a demostrar en estas pruebas) la capacidad de memorización, la cual, como hemos visto anteriormente, resultaría una contrariedad a la metodología original de Confucio: «aprender sin pensar es inútil; pensar sin aprender es peligroso» (Confucio, 2002, p. 74).

> Los propios procedimientos durante los días del examen eran también una fuente de estrés para los candidatos, con estrictas normas a seguir (algunas reglas como no levantarse, hablar o cambiar de asiento hasta la prohibición del tarareo, que podría ser una técnica mnemotécnica y, por ende, un método para copiarse) que, de no ser cumplidas implicaría la automática expulsión del participante (Miyazaki, 1981, pp. 27-28).

El quizás más importante apartado de los exámenes a tener en cuenta era su asequibilidad para distintos estratos sociales. Obviamente, se trataba de la población masculina; las mujeres no tenían permitido estudiar lo mismo que los varones y su instrucción estaba destinada al ámbito doméstico, como veremos más adelante; aunque en teoría cualquiera podía presentarse (a excepción de descendientes de familias de oficios «deshonrosos» como actor o verdugo). Si bien en teoría cualquiera podía presentarse a los exámenes independientemente de su origen, sin embargo, en la práctica la igualdad de oportunidades mostraba claras injusticias dependiendo del estatus social y económico del candidato. Al fin y al cabo, los exámenes sólo podían aprobarse tras duros y largos años de estudio: para conseguir alcanzar un alto nivel en las habilidades de lectura y escritura, se requería años de instrucción con el apoyo de personal preparado (generalmente profesores y maestros, ya fueran privados o en escuelas), lo que se traducía automáticamente en un elevadísimo coste económico para muchas familias. Hacer frente a los gastos que suponía la instrucción, los cuales no siempre terminaban como una inversión con un final beneficioso, no estaba de lejos al alcance de muchos. Una manera un tanto más económica era acudir a las escuelas de enseñanza, sostenida por tres instituciones: el Estado, la familia/clan y la comunidad (Leung, 1994, p. 381).

Aunque la principal intención de los centros comunitarios era la de ofrecer a los hijos de familias más humildes la posibilidad de ascender, tales instituciones a menudo tenían graves problemas financieros y únicamente podían contar con la ayuda y apoyo local de la villa; era extremadamente habitual la fundación y posterior clausura de esas academias a los pocos años, a menudo dejando a alumnos sin completar su formación (Leung, 1994, p. 383). Para sobrevivir a tales situaciones económicas, estas escuelas se incorporaron a grupos mayores, constituyendo así parte del sistema local y convirtiéndose en centros de influencias y control, donde no sólo se formaba en las materias clásicas, sino también se adoctrinaba según las ideologías de los líderes de la villa o ciudad. El crecimiento de este proselitismo en escuelas fue tan notorio que se llegó a prohibir que obligaran a los niños pobres a ir a estas clases, dado que eran ellos el principal objetivo y el grupo más numeroso que se podía someter bajo influencias y dejar llevar por una política concreta, en lugar de ser alumnos independientes con alguna oportunidad de ascender en la vida.

En contraposición con estas escuelas comunitarias o «públicas», estaban aquellas financiadas por una familia o clan, a las cuales sólo entraban los niños de miembros de la familia (hijos, sobrinos, nietos, primos, etc.). Se esperaba de los estudiantes el máximo rendimiento en los exámenes, retroalimentando así el estatus de la familia (y con ello, el dinero para seguir invirtiendo en estas escuelas). En esas academias los alumnos gozaban de toda clase de comodidades: grupos reducidos, material de estudio, incluso comida y ropa y, en ocasiones, algunos recibían una pequeña mensualidad. Los alumnos se alojaban en la propia escuela y una vez al mes podían visitar a sus familiares, los que, de hecho, preferían que sus hijos vivieran allí para poder ahorrarse la manutención de sus niños. Cada quincena los alumnos, tutelados por sus profesores, tenían exámenes para comprobar sus progresos (Leung, 1994, p. 389). Sin embargo, a pesar de la excelente calidad de estas escuelas (quizás únicamente por debajo de la instrucción personal de profesores privados de los hijos de familias muy ricas), no hay que olvidar que después de todo los objetivos eran los mismos: aprobar los exámenes civiles, para los cuales se continuaba aplicando la estrategia didáctica de repetición y memorización.

La metodología seguida para enseñar a los futuros candidatos de los exámenes comenzaba desde la más tierna infancia de aquellos que podían permitírselo. Las familias adineradas iniciaban la formación del infante a partir de muy temprana edad, cuando el niño aprendía a reconocer y escribir una serie de caracteres elementales que serían la posterior base para el resto de los largos y sofisticados textos que formarían parte de su currículum. Sin embargo, ya aquí se percibe una primera problemática de la educación china: la compleja escritura de caracteres (en estilo que hoy podríamos llamar *tradicional*), el manejo de la caligrafía y en especial el abundantísimo número de caracteres diferentes a aprender fomentaban un tipo de aprendizaje basado en la memoria y no en la comprensión. La reflexión acerca del contenido de los textos y de las lecciones estudiadas parecía tener muy poca presencia en las aulas.

Los maestros eran en su mayoría antiguos aspirantes y alumnos que se habían preparado en su juventud para los mismos exámenes, y con su experiencia, ahora retransmitían los mismos conocimientos a los jóvenes haciendo uso del mismo método con el que aprendieron ellos mismos en su momento. Así, no existía prácticamente una innovación ni evolución en la enseñanza. Las clases en las academias solían ser de una rutina imperturbable, aburrida y agobiante, donde eran comunes los castigos físicos por parte del maestro. Esta enseñanza empezaría desde los ocho años del niño y finalizaría aproximadamente a los quince; siete largos y duros años de memorización de textos, caracteres, de simulaciones de exámenes, marcado todo por una subordinación y respeto indiscutible basados en el temor al maestro. Todo ello presentaba una carga muy estresante para el más aplicado de los alumnos.

Obviamente, con tantas presiones en los estudios y posteriormente a la hora de enfrentarse a los exámenes, no faltaba todo un rico catálogo de trucos y artimañas para copiar, falsificar o intercambiar las pruebas. Desde las típicas y reconocidas *chuletas* en papel o cosidas a la ropa hasta formularios con las respuestas ya escritas (los contenidos de los controles solían repetirse de año a año), llegando incluso a la contratación de sustitutos (que ganaban un buen sueldo si eran contratados no por uno, sino por varios estudiantes para pasar las pruebas por ellos) podrían ser, por una parte, el irónico testimonio de que el deseo de aprobar un complicado examen con métodos poco honrosos es algo inherente y casi atemporal en la comunidad de estudiosos, pero también nos muestra que al ejercer una presión casi inhumana en estos opositores en su afán de acceder al tan deseado puesto de funcionario, éstos eran capaces de acudir a cualquier método, aun a sabiendas de los riesgos que corrían de ser descubiertos.

El miedo a las represalias o deshonra no era obstáculo ni para los estudiantes tramposos ni para los funcionarios y empleados corruptos, aunque una vez detectado el fraude se castigaba severamente al infractor. Así, es conocido el caso sucedido en los años 90 del siglo XIX cuando en el trascurso del más importante examen del tercer nivel, terminadas y recogidas las redacciones, el examinador salió de la estancia y uno de los sirvientes, probablemente sobornado, cambió la redacción de uno de los candidatos. Al ser detectado el engaño, el examinador, quien por lo visto desconocía la falsificación, fue degradado, y el asistente ejecutado sin misericordia (Korostovets, 1892, p. 179).

De este modo, allá donde tuviera que haber la reflexión e introspección de lo aprendido, sólo existía un negocio. Un negocio estresante para muchísimos, sí, pero también rentable para otros, y sin olvidar todo el entramado de corruptelas que se formaba alrededor de estas pruebas.

II. OTRA EDUCACIÓN

Aunque para la mayoría de los varones que buscaban una manera de ascender en la sociedad y que podían permitirse los estudios todo orbitara alrededor de los exámenes y de las enseñanzas clásicas, no era la única educación existente. Fuera de todo el cuerpo del funcionariado chino estaban profesionales en los ámbitos legales, matemáticos, militares y otros, si bien esas enseñanzas no ocupaban un lugar tan honorífico o apreciado como el primero. Ramas de conocimiento tan importantes en Occidente tenían un rol diferente en la China tradicional.

1. **Enseñanza de las Matemáticas – Ciencias Exactas**

No se puede negar la existencia en China de cierta cultura de las ciencias exactas y matemáticas, aunque claramente se distanciaba de los parámetros específicos de Occidente. Muy probablemente, de haber entrado China en contacto temprano con los trabajos de matemáticos y científicos occidentales, se hubiesen tachado esas obras de ignorantes y estériles. La causa de esta apreciación tan crítica es la diferencia de percepción del concepto de ciencia en el país asiático y fuera de él:

> Para obtener una visión aproximada sobre la ciencia y la educación chinas antes que nada hay que descartar la idea de todo cuanto nosotros acostumbramos a entender bajo estos términos. La ciencia y la educación del Imperio chino no se parecen en nada a la ciencia y la educación europeas, siendo absolutamente diferentes. Si las inmortales obras de Humboldt y Spencer hubieran llegado al conocimiento de los chinos, sin duda habrían sido considerados como unos absolutos ignorantes y sus obras unas tonterías (Korostovets, 1892, p. 173-174 – trad. de la autora).

Estas consideraciones se deben principalmente a que en China y en los países occidentales se habían desarrollado las ciencias exactas por vías diferentes. China tuvo sus propios avances e interés en las ciencias, aunque en comparación con Occidente, todas las teorías y corrientes novedosas que entraban en China ya llevaban varios años sin estar en boga en otros países. También es muy relevante la disimilitud en el entendimiento de qué es un «conocimiento científico» en ambos bloques. Para los chinos, existía una ciencia cuantitativa (relacionada con los números y sus aplicaciones en la física), y una ciencia cualitativa que incluía artes como la alquimia, la astrología o la medicina, mezclando en ocasiones ciencias más exactas con otras de carácter más esotérico o espiritual (Jami, 1994, p. 224). Sin embargo, las ciencias cuantitativas tenían una menor presencia o importancia no porque no resultaran útiles, sino porque no componían el núcleo de los exámenes imperiales; tales destrezas científicas quedaban a menudo relegadas a un segundo plano, a un grupo de especialistas menos condecorados o admirados, perpetuando así que no se propagaran o se extendieran esos conocimientos con la misma facilidad y respeto que el contenido de los textos clásicos confucianos.

En lo concerniente a las matemáticas y el cálculo, ni siquiera la presencia de los misioneros jesuitas en el siglo XVI —que portaban consigo las teorías y conocimientos europeos más novedosos de su tiempo en matemáticas y álgebra— resultó determinante para estas ciencias cuantitativas en China. Bien es cierto que surgió en la dinastía Ming (entre 1368-1644) un mayor interés por la situación geopolítica de parte de numerosos estudiantes, pero esto llevaría principalmente a una curiosidad en el ámbito de la cartografía y astronomía. Por otro lado, es necesario mencionar que sí había dos grupos de estudiosos atraídos por las matemáticas: uno de ellos en la corte del emperador y el otro en una serie de academias en las regiones bajas del río Yangtsé. Aun así, las matemáticas se consideraban en general como un pasatiempo para aquellos señores y eruditos de clases sociales más altas y exquisitas, y no una disciplina académica necesaria para los estudios de los exámenes, aunque fuera una habilidad que ennobleciera a estos intelectuales: «Although mathematics was not considered a suitable livelihood for a gentleman, it was among the foremost of the arts of which he was encouraged to become an amateur» (Libbrecht, 1993, p.4).

Con todo, se llevaban a cabo una serie de exámenes de menor nivel dedicada a los matemáticos, en este caso haciendo uso de *Los Diez Clásicos Matemáticos*, pruebas que carecían de la complejidad de los de acceso al funcionariado imperial y que destinaban a quienes las aprobaban a las labores de contabilidad de impuestos y tasaciones. Las matemáticas aplicadas a la astronomía tenían un mayor prestigio, dado que resultaba fundamental la correcta organización de los calendarios para establecer pautas políticas, sociales y de convivencia: «it was one of the emperor's duties and monopolies to provide the calendar, thus regulating life and harmonizing the rhythm of human activities with that of the Heaven's cycles» (Jami, 1994, p. 225). Precisamente la aplicación matemática en la astronomía era donde mayor importancia tenían las ciencias exactas, si bien los matemáticos que ayudaban a interpretar las posiciones de los cuerpos celestes gozaban de un reconocimiento más bien escaso en contraposición a los funcionarios.

Había defensores de las matemáticas aplicadas para tales ámbitos como la geografía o cartografía (como el matemático Pan Lei, 1646-1708), quienes consideraron que la carencia de estudios en las ciencias exactas había llevado a acumular y cometer una serie de errores y problemas en estas materias. Sin embargo, a pesar de los enérgicos intentos de los partidarios de las ciencias exactas y simpatizantes de las matemáticas (desde matemáticos del imperio a misioneros jesuitas) de reavivar dichos campos de conocimiento, estos estudios permanecerían un lugar secundario: con las presiones sociales de los exámenes y la obsesión de llegar a ser funcionario, con todo el tiempo que se necesitaba dedicar a tradicionales analectas y enseñanzas, además de la percepción errónea de la más bien escasa utilidad de las ciencias exactas y matemáticas, éstas cada vez se quedaban más y más atrás comparando con su activo desarrollo en otros países.

2. Educación legal

Al igual que en otras culturas, la población china seguía una serie de normas que garantizaran la convivencia entre todos sus ciudadanos; sin embargo, resulta evidente que no todas las sociedades establecen del mismo modo las pautas de control y sus correspondientes aplicaciones y consecuentes castigos por no cumplir las reglas establecidas. Según explica Wejen Chang en *Legal Education in Ch'ing China* (1994, p. 292), en la última dinastía las normas a acatar se estructuraban jerárquicamente de la siguiente manera:

— El Dào (道), en primer lugar, como el más importante de los principios;
— El Dé (德), los principios morales y éticos;
— El Lǐ (礼), los ritos y las ceremonias;

— El Xísú (习俗), las costumbres y los hábitos;

— Y por último Fǎ (法), las normas y las disposiciones del ámbito legal, ubicados en el escalafón más bajo y considerados los menos importantes y más arbitrarios.

Se suponía que aquellos candidatos de los exámenes a funcionarios tuvieran que aprender y probar sus conocimientos en leyes, dado que anhelaban conseguir un cargo en una institución gubernamental; sin embargo, los distintos contextos y conflictos políticos llevaron a una deformación de los contenidos de este ámbito en los exámenes. Por ejemplo, las tensiones entre la etnia han y la manchú durante la dinastía Qing, regida por los manchúes, hizo que hubiera preocupación por respuestas políticamente incorrectas en los exámenes, ya fuera mediante reprobación del sistema o de la dinastía. Del mismo modo, se temían contestaciones críticas a las tareas de análisis de casos reales, edictos imperiales, planificaciones, etc. Es por ello que en los exámenes la práctica totalidad de las preguntas relacionadas con las leyes estuvieran vinculadas con los *Clásicos* o fueran casos ficticios, para que los estudiantes pudieran responder de manera segura, en detrimento de un desarrollo crítico del sistema que activamente censuraba este tipo de cuestiones.

En cuanto al pueblo llano, podría decirse que existían medios para conocer, que no estudiar, las leyes y reglas: resultaba imperativo que la gente supiera sus obligaciones y derechos y el modo de proceder. Es así como durante la dinastía Qing se ordenó la construcción de espacios dedicados específicamente a la proclama y pregón de las normas cada primer y decimoquinto día del mes para los habitantes del pueblo o ciudad; si bien esta medida tenía un éxito escaso o incluso nulo por la dejadez o poca iniciativa y esfuerzo de los funcionarios responsables de tal actividad.

Curiosamente, la principal vía de aprendizaje de las leyes y los procedimientos administrativos para el pueblo llano fue a través del entretenimiento, en especial mediante obras teatrales en las cuales se interpretaban juicios y diversos trámites legales. Obviamente, aunque acercaban un poco los procedimientos llevados en tales situaciones, no dejaban de ser escenas ficticias y simplificadas en grado sumo; sin embargo, resultaban de un carácter suficiente para recordar a la población su posición, sus obligaciones y los preceptos morales de comportamiento y convivencia:

> Justice images found in the arts, nearly always correlated with the principal aspects of formal legal justice, tend to reflect the prevailing lifestyles of Chinese society and Chinese culture values, generally reinforcing existing legal norms, legal reasoning, and legal structures (…) These arts-based images of law and jurisprudence reach vast audiences, and serve to inculcate specific notions of justice; and in the process of doing so, they play a key role in the socialization of individuals and social groups found in Chinese society (Zhang & Lovrich, 2016).

Además, las obras escenificadas habitualmente seguían un patrón muy simple, donde prácticamente siempre triunfaba la justicia, la moral y la bondad por encima de la corrupción, lo que llevaba en una percepción muy subjetiva de los procesos judiciales.

Hay que añadir, además, la escasez de informes judiciales y comentarios de casos reales, los cuales de quedar por escrito no estaban al alcance de la mayoría de la gente, puesto que requerían cierto nivel de instrucción para poder leer y aún mayor para comprender documentos de tal índole; del mismo modo, aunque era común la transmisión oral de testimonios, estos resultaban a menudo inconcretos y fácilmente variables, resultando un medio poco útil para el aprendizaje, análisis y crítica de los procedimientos de la ley. En resumen, era un ámbito de conocimiento reservado para un grupo selecto de oficiales, secretarios, copistas y otros pocos funcionarios, destacando una vez más que la mayoría de los que eran capaces de costearse unos estudios elegían el camino del funcionariado imperial, mientras que el porcentaje que escogía la formación jurídica era considerablemente menor. Otra vez más, la ambición por conseguir el cargo de funcionario como meta para una vida envidiable y acomodada frenaba el interés (e incluso necesidad) de adentrarse en otros campos y materias.

3. Instrucción militar

Uno de los primeros ámbitos educativos en requerir urgentes reformas fue la enseñanza militar[2]. Por lo general, la doctrina confuciana llamaba a una resolución más pacífica de los conflictos, aunque luego en la práctica existieran distintos grupos entrenados marcialmente para proteger los intereses de sus señores y emperadores, tanto para apagar insurrecciones internas o proteger los territorios de ataques externos. Algunos intelectuales y militares chinos (como el bien célebre Sun Tzu (544 a.C-496 a.C.)) eran conscientes de la necesidad vital de tener un ejército fuerte y bien preparado. Sin embargo, los militares no gozaban del mismo prestigio que los funcionarios; incluso se consideraban una calaña bastante baja, pues la mayoría carecía de formación académica y aquellos de mayor rango ejercían más un papel administrativo relacionado con los asuntos militares que como instructor o líder. Los observadores extranjeros ironizaban:

> Esos generales civiles no podían (…) crear un espíritu y una disciplina del ejército, y los soldados reclutados de la basura del pueblo no podían inspirar respeto ni establecer contacto con la población. Claro que surge de aquí el desprecio general (…) expresado en el popular proverbio: «No se toma buen hierro para hacer cerraduras, y no se hacen soldados de buena gente» (Dálchenko, 1906, p. 502-trad. de la autora)

Del mismo modo el diplomático Korostovets describía la profesión y estatus militar, situación que encontró a finales del siglo XIX:

> La profesión de militar de los chinos en el Imperio Medio no tiene prestigio y el militar, a la percepción de un chino, es sinónimo de bandido (…). Se da siempre preferencia a un funcionario civil a un militar y un conocedor de los clásicos (…). Y no es de extrañar, puesto que a los chinos les es totalmente desconocido el tipo occidental del

---

[2] Para más detalles véase Magdalena Mironesko (2021).

militar letrado y formado polifacéticamente; el representante de la fuerza armada no es otro que un animal bruto, cobarde durante la guerra y una amenaza para la población civil (1892, p. 185 – trad. de la autora).

Tales visiones críticas no se alejaban mucho de la realidad; así, por ejemplo, el ejército de Yunnan en 1906 estaba compuesto principalmente por bandidos, piratas y rebeldes (Dálchenko, 1906, p. 502). Con la apertura forzosa de China al mundo, surge un interés y una necesidad en otras naciones por analizar diversas facetas del funcionamiento del Imperio Medio, y entre otras, del estado de sus fuerzas armadas y su organización. Los resultados de tales estudios ofrecen testimonio de que, aunque aquellos que desearan seguir una carrera militar también debían de pasar sus correspondientes exámenes, éstos eran de una categoría mucho inferior a los de funcionario. A pesar de que los niveles eran muy similares (distrito, prefectura, provincia y capital), los contenidos eran completamente diferentes y, a ojos de los analistas foráneos, muy deficientes:

> Las exigencias que se les plantea no son muy severas (…). En realidad, de las ciencias militares conocidas en Occidente tales como: tácticas, fortificación, artillería, minas, etc., los chinos, con pocas excepciones (en los puertos), no tienen ni idea (Korostovets, 1892, p. 184-trad. de la autora)

Principalmente, la educación militar englobaba ejercicios gimnásticos, acrobáticos, así como destrezas tales como esgrima, uso de alabardas, saltos, levantamiento de pesas, tiro con arco y equitación. Incluso aquellos cuerpos militares (como los ejércitos del sur) que hubieran recibido algo de instrucción más a fondo en el siglo XIX no dejaban de tener una ventaja mínima y superficial. Al carecer de formación académica y tener un sistema de elección normalmente basado en el voto de los propios soldados, era habitual que los suboficiales fueran también personas poco preparadas e ineficaces. Se puede resumir de nuevo que la enseñanza militar no cumplía las doctrinas confucianas que proclamaban que «hacer luchar a sus súbditos sin instrucción es abandonarlos» (Confucio, 2002, p. 159). Los conflictos que se sucedieron tan seguidamente en el siglo XIX y XX fueron los que obligarían al Imperio a tomar medidas drásticas y otorgarle a la educación militar la importancia, ahora vital, que merecía y serían de hecho las primeras piedras en la modernización no sólo de la educación, sino de una sociedad anquilosada en un pasado idealizado.

4. Educación musical

La educación musical ocupaba un puesto privilegiado, pues su instrucción se consideraba útil para algo más que el mero placer sonoro: según las ideas confucianas, la música era un instrumento que podía traer armonía a la sociedad, por lo que resultaba una herramienta de gran utilidad. Es así como se hizo común la enseñanza musical, aunque siempre dentro del dogma tradicional y de espaldas a las influencias extranjeras que pudieran pervertir la naturaleza y efecto de las obras clásicas chinas.

La idea de que la música podía traer armonía en el caos convirtió esta disciplina en una peculiar herramienta para legitimar el poder de las clases gobernantes, con la cual podía ejercer su dominio de autoridad y también controlar el pensamiento de la juventud. Basándose en las ideas de Confucio, en la dinastía Han empieza un auge musical tras el abandono sufrido por esta disciplina en la anterior, la dinastía Qin. Es también gracias a otros pensadores como Dong Zhongshu (179–104 a.C.), considerado como el «Confucio de la Dinastía Han», que la educación musical gana peso en ese periodo por sus diversos usos; la música no solamente se comprendía como un instrumento estético ni sólo de dominación política, sino como un eficaz medio de instrucción ética.

Es en la dinastía Tang (618-907 d.C.) cuando la música vive una auténtica era de esplendor, llegando a considerarse Chang'an, la capital de la dinastía Tang, como la «Viena china» (Liu & Li, 2006, pp. 70-80; Li, 2017, p. 219), dada la gran popularidad no sólo de la música instrumental, sino de los acompañamientos de danzas, dramas musicales, coros, música religiosa y en general, la música no sólo dentro de palacio sino también para el pueblo, lo que explica la creación de tantas instituciones musicales en ese periodo.

En posteriores dinastías no se mantendría el estatus de enseñanza y prestigio musical, pues en pos de ensalzar el carácter divino del máximo gobernador (el emperador), las obras que continuaron componiéndose para este fin resultarían ser cada vez más pesadas y elogiosas, pero carentes o con muy poco valor artístico real, tal como explican los investigadores chinos Xiu Hailin (2000, p. 43-45) y Li Yue (2017, p. 220).

Sin embargo, es obvia la gran importancia y popularidad de la que gozaba la música, la cual estaba presente en todos los estratos sociales. Aunque los músicos no contaban con el prestigio de un alto funcionario, resultaba ser una disciplina que ennoblecía al tenerse en tan elevada estima su efecto en la sociedad, de ahí la popularidad de su enseñanza, aunque siempre siguiendo unas normas y dogma tradicional y rechazando las influencias extranjeras y así las posibles innovaciones foráneas.

5. Educación femenina

En contraposición de lo que se esperaba de los varones, el destino de las mujeres era bastante más conciso y limitado. Se puede afirmar que no se valoraba la preparación académica de las mujeres, dado que su rol sería el de ser buena hija, buena esposa, buena nuera y buena madre. Las mujeres no podían perpetuar el apellido y se consideraban personas en un escalafón inferior; además, en la sociedad patriarcal china, donde era también práctica común el de entregar una dote con la hija a la familia del marido de ésta, criar chicas resultaba una gran inversión. Por ello, como explica Susan Mann en *Women, Families and Gender Relations* (2008), en familias, normalmente pobres, donde nacían hijas indeseadas sucedía con cierta frecuencia el infanticidio femenino para evitar el gasto de las futuras dotes. Aquellas afortunadas en sobrevivir no tenían ni se les inculcaban grandes ambiciones excepto permanecer en el hogar familiar para dedicarse a sus quehaceres de ama de casa, esposa y madre:

En las sociedades confucianas tradicionales se convirtió en una norma establecida el que una mujer virtuosa era aquella que no tenía ambición política alguna, ni siquiera capacidad especial alguna (nuzi wucai jiu shi de) y que siempre seguía a su marido fuera, que significa literalmente que si una mujer se casaba con un gallo tenía que seguir al gallo y si se casaba con un perro tenía que seguir al perro (Yao, 2001, pp. 227-228).

Sin embargo, sería erróneo pensar que las mujeres no recibían cierta formación. Bien es cierto que carecían de oportunidades y permiso para estudiar lo mismo que sus compañeros varones y acceder a los exámenes, pero sí eran educadas para ser diestras y hábiles en otros menesteres. Principalmente, y junto a los niños, eran criadas en su infancia hasta los siete años en materias tan básicas como eran los modales y ciertas formas de conducta, para tomar caminos diferentes tras ello. Instruidas principalmente en casa bajo la tutela de otras mujeres (madres y abuelas) para convertirlas en buenas esposas, pasando su currículum académico a constar de actividades tales como la cocina, la costura, la gestión doméstica, y en especial, las normas de comportamiento: Como explica Wong Yin Lee en *Women's Education in Traditional and Modern China*: «They would grow up in an atmosphere where there were constant reminders of the importance of being modest and of the virtue of being submissive» (1995, p. 348). De hecho, se consideraba que la mujer letrada resultaba incluso poco atractiva o valuosa.

Pocos eran los libros y manuales de instrucción que tenían a su alcance y todos ellos estaban enfocados a la enseñanza tradicional y al sometimiento, como eran los libros de las *Tres Obediencias y Cuatro Virtudes*. Las *Tres Obediencias* dictaminaba que las mujeres debían seguir y respetar las órdenes de una jerarquía patriarcal: obediencia al padre, luego al marido y por último al hijo; es decir, aleccionaban a la mujer en la sumisión a una figura masculina. Las *Cuatro Virtudes*, por su parte, englobaban los principales preceptos morales que debía cumplir la mujer, que eran la disciplina moral, el hablar con propiedad (evitando lenguaje soez y manteniendo conversaciones con educación), la diligencia y la apariencia modesta. Esta base era la principal que se esperaba que tuviera una buena mujer, quedando no en segundo plano, sino prácticamente fuera de la ecuación la instrucción en otras materias de carácter político, social, económico, filosófico, etc. No se esperaba de ninguna manera que la mujer destacara por su inteligencia:

As far as knowledge goes, a woman need not to be extraordinarily intelligent. As for her speech, it need not to be terribly clever. As for her appearance, it need not to be beautiful or elegant, and as for her talents, they need only to be average (Lee, 1995, p. 351).

Tal era esta percepción que, en algunas dinastías, como la Ming, actividades de tipo literario o intelectual en general, tan bien vistas en los varones, se consideraban vulgares cuando las realizaban las mujeres, dado que se atribuían estas ocupaciones a prostitutas y cortesanas cuyo estatus estaba cargado de estigmas sociales:

People of the Ming Dynasty (1368-1644) would generally be abhorred at the thought of women reading and writing since female literacy had always been associated with the idea of moral corruption in women. This was because of the fact that courtesans and female singers, who were looked upon virtually as prostitutes, had mainly come from the rank of literate women. Moreover, the opposition to women's intellectual enrichment was founded on the conviction that a woman's only commitment in life was to marry and to bear children while literacy for women was seen very much as a moral stigma (Lee, 1995, p. 354).

Pero más allá de la formación doméstica que recibían, unos nuevos estudios se añadieron para ellas, pero no para su propio uso; se consideraba beneficioso para los futuros hijos empezar su instrucción cuanto antes, y eso mejoraría si la madre podía enseñarles en su infancia algunas bases y servir de primera maestra antes de contratar a otro profesor especializado o mandar al niño a una academia. Sin embargo, aquí la situación caía en una contradicción. Por una parte, no pocos manuales dirigidos a la educación femenina incluían fragmentos de los *Clásicos* y había quienes consideraban que era de vital importancia la formación de la mujer:

The girl who begins as a daughter (...) marries and becomes a wife; she bears a child and becomes a mother. A wise daughter will make a wise wife and mother. And wise mothers rear wise sons and grandsons. The process of kingly transformation therefore begins in the women's apartments, and family's future advantage is tied to the purity and the education of its women (Mann, 1994, p 22).

También se esperaba en la dinastía Qing que las mujeres tuvieran destrezas y conocimientos en poesía y versos, aunque luego estos aprendizajes fueran criticados de pobres y mediocres en comparación con sus contemporáneos masculinos; además, los libros que se dirigían para la formación de las mujeres estaban destinados a controlarlas, no a desarrollarlas intelectualmente. Como explica Susan Mann, «They were written in response to the problems that arose as a result of women» (1994, p. 23), señalando de este modo la manera en la que se veía la más mínima formación de la mujer fuera del ámbito doméstico y familiar. Surge así la paradoja de la necesidad de una mujer instruida para poder educar a los hijos, pero no demasiado culta como para resultar rebelde, independiente y nada atractiva. Incluso las mujeres que lograban independizarse y rehusaban casarse para dedicarse a una vida de letradas predicaban en sus libros dedicados a muchachas jóvenes que siguieran las normas de comportamiento establecidas para ellas según la sociedad (Mann, 1994, p. 23).

En general, el estado de la educación femenina seguiría siendo un tema sensible, una situación que no se cambiaría hasta el siglo XIX y en especial el XX; hasta entonces, el rol de la mujer debía ser por y para el cuidado de la familia.

3

EL MOVIMIENTO REFORMISTA

A pesar de la importancia y aparente solidez de la educación tradicional clásica, los exámenes civiles, aunque perduraron durante siglos, también acabarían por desaparecer. Como se ha visto anteriormente, el extraordinario crecimiento de China en las posteriores dinastías, incluso en sus épocas más turbulentas, la posicionó como la gran potencia en Asia. Japón, Corea, Vietnam y Tailandia entre otras admiraban e imitaban de ella su filosofía, escritura y cultura en general. Los extranjeros de Occidente anhelaban llegar a China por especias y otros tesoros exóticos mediante la Ruta de la Seda y los misioneros cristianos intentaban llevar la palabra de Dios a esos lejanos parajes. Únicamente la India, otro gran país de fuerte desarrollo cultural y filosófico, podía permanecer sin impregnarse de esa influencia china y viceversa. No es de extrañar que el orgullo de la nación china fuera tan grande como su extensión. Esta imagen que tenía de sí misma y su papel como fuerza de influencia, que no influenciable, es la que la mantuvo en ese ensueño hasta el siglo XIX y XX.

Las derrotas de las Guerras del Opio y la Guerra Sino-japonesa pusieron en evidencia las carencias de China en esa nueva época. No sólo flaqueaba China en sus fuerzas militares, tecnológicas y sociales: su educación era uno de los pilares débiles que había llevado a tal vulnerabilidad. La falta de atención o estimación a los conocimientos más prácticos había creado una base endeble para todas aquellas facetas que podrían haber defendido a China: sobraban candidatos que ansiaban el papel de funcionario, pero escaseaban tropas militares bien formadas, científicos de conocimientos avanzados, médicos y maestros modernos. Cuando el resto del mundo se enfrentó a China, ésta tenía una armada de letrados empuñando pinceles y replicando palabras de hacía siglos en lugar de soldados y diplomáticos capaces de evitar la que sería la tragedia para el imperio.

Ante tal situación y las humillantes derrotas de China contra las potencias extranjeras, no tardaron en surgir ideas de reforma por parte de intelectuales que buscaban poner freno a la caída del país o al menos paliar lo que sucedía dentro del Imperio

Qing. Son estos los pensadores y eruditos anteriores al periodo de la República de China los que, aunque no lograron salvaguardar la dinastía Qing ni el estatus imperial de la nación, sí fueron los precursores de los futuros cambios y reformas educativos, que ejercieron su influencia en las generaciones de reformistas posteriores. De todos ellos destacan cuatro figuras; Zhang Zhidong, Li Dazhao, Kang Youwei y Sun Yat-Sen, los cuales fueran mentores, influencias e incluso algunos de ellos compañeros de Cai Yuanpei.

I. ZHANG ZHIDONG

Zhang Zhidong (1837-1909) fue funcionario de la dinastía Qing e incluso ocupó un puesto como consejero de la Emperatriz Viuda Cixi (1835-1908). Fue de los primeros en hacer pública la debilidad de la nación china, en especial tras la Primera Guerra Sino-japonesa. Consideraba que, para sobrevivir y adaptarse a los nuevos tiempos, era necesario imitar los modelos occidentales, del mismo modo que Japón había adquirido tales conocimientos y logrado así su modernización, en especial en el ámbito militar. Encuentra aquí un gran obstáculo, pues la educación china seguía orbitando alrededor de los exámenes tradicionales y todo conocimiento externo era ignorado y despreciado. Hay que destacar que, entre sus contemporáneos, la postura crítica de este intelectual fue más clara, considerando Zhang Zhidong que el sistema educativo clásico resultaba atrasado e inútil para el nuevo panorama político y social. Sin embargo, formado en una educación confuciana, Zhang Zhidong resultaba ser un producto de su tiempo y sociedad, por lo que sus ideas de reforma entraban dentro de la preservación de la «esencia nacional» de China; es decir, salvarla y mantenerla, pero no perder su naturaleza y espíritu (Duiker, 1977, pp. 42-43).

Sin embargo, y a pesar de ser una figura de un sistema político que acabaría por caer por su propio peso, se le puede atribuir a Zhang Zhidong grandes logros y avances aprovechados por las próximas generaciones, como fue la implantación de un modelo educativo público, la creación del Ministerio de Educación o la inclusión de asignaturas de idiomas extranjeros o ciencias en el currículum del estudiante. Del mismo modo, introdujo algunos primeros cambios en la forma de los exámenes, como fue la eliminación del ensayo de ocho partes, y en cierto modo apoyó la educación femenina, apostando por la apertura de escuelas de formación primaria para niñas. Zhang Zhidong llegaría incluso a enviar solicitudes formales de reforma al Emperador Guanxu, enumerando en largas listas los problemas actuales que debilitaban la nación; documentos que pueden ser leídos en el libro escrito por el mismo Zhang *China's only hope: an appeal*.

En el apartado educativo, los cambios más significativos que se solicitaban al emperador eran la modificación de las materias en aras de un currículum más moderno; subrayaba la urgencia de estudiar política y sistemas occidentales de gobernanza así como la necesidad de poder dar perspectivas a los estudiantes según sus aptitudes para garantizarles un futuro acorde con su formación. Del mismo modo, insistía en cambiar el formato de los exámenes y transformar el sistema de ayudas económicas a los estudiantes, de manera que estos no entraran a los estudios únicamente motivados por el dinero de las ayudas (Zhang, 1900, p. 100-103).

Aparte de sus peticiones, Zhang Zhidong era un ferviente defensor de la creación de sociedades y clubes de estudio, con los cuales esperaba que hubiese un creciente interés en la educación, en especial la moderna. En términos generales, el reformista era optimista con respecto a los futuros resultados, aun sabiendo que no sería un cambio inmediato:

> In a couple of years the colleges will graduate men who are also qualified to teach. The faculties will perhaps be incomplete at first, but a few good men in each province can be found who will serve for three years, when there will be an abundance of useful literature and consequently better equipped instructors. There need be no fear on this score (Zhang, 1900, pp. 103-104).

A pesar de sus ideas adelantadas para la época y su decidido interés por las reformas, Zhang no podía sino actuar dentro de ciertos límites; los suyos propios como miembro de una sociedad determinada y los de la lealtad hacia la dinastía, quien buscaba mantener el sistema tradicional con la idea de preservar la esencia de China. De hecho, algunas de estas limitaciones se pueden ver en los diversos objetivos del recién creado Ministerio de Educación, que, a pesar de establecerse para formar y mejorar la enseñanza, debía de cumplir con su lealtad al emperador y la práctica de la moral y respeto a Confucio. Sólo las metas del utilitarismo y militarismo fueron implementadas recientemente, mientras que las tres primeras respondían de manera directa al servicio del régimen imperial.

También hay que destacar que, aun siendo un erudito a favor de la modernización, era demasiado próximo a la emperatriz Cixi, quien vigilaba muy de cerca toda aquella disidencia que pudiera poner en jaque la esencia tradicional china, por lo que los movimientos de Zhang Zhidong quedaban algo limitados. A pesar de todo, se inició así una nueva etapa de interés por la educación (tal como el intelectual había deseado), que se implementó rápidamente en China y cada vez más jóvenes ansiaban viajar al extranjero para aprender de los occidentales y aceptar ese método de enseñanza; es así como se abrirían paso los posteriores educadores, reformistas e intelectuales. De aquí, sería apropiado considerar a Zhang Zhidong como uno de los padres y pioneros de la educación moderna china.

II. KANG YOUWEI

Contemporáneo a Zhang Zhidong era Kang Youwei (1858-1927). El proceder de familia culta y bien acomodada le ayudó a ser un destacado estudiante y aprobar a muy temprana edad sus primeros exámenes. Respaldado por su padre, primero, su abuelo, después, fue un ávido lector de obras políticas e históricas, lo que le facilitó comprender mejor los cambios que estaban pasando en el país. Comenzaría así a estudiar, analizar y reflexionar sobre las naciones occidentales y sus respectivos modelos de educación y empezaría a escribir y publicar artículos y comentarios comparativos entre la enseñanza china y la extranjera, criticando —cuando era posible— los anticuados modelos de su nación (Hao, 2013, p. 100).

En 1886 se pondría en contacto con Zhang Zhidong para proponer la creación de diversas oficinas de traducción, una propuesta que Zhang aceptó inmediatamente. Esta motivación por la traducción venía de la idea de Kang de que la traducción de textos occidentales, ante todo manuales, periódicos, etc., era el primer paso a dar para poder adaptar posteriormente el modelo occidental de enseñanza.

Al igual que otros intelectuales, Kang Youwei acabaría por desarrollar un fuerte rechazo por la dinastía, anticuada y retrasada, lo que lo llevó a ser partícipe de campañas de propaganda reformistas e incluso escribir al emperador solicitando la inmediata modernización del país. Por desgracia, su escrito fue primero ignorado y después tachado de antidinástico. Y si bien gozó de una gran popularidad en la capital, se ganó las antipatías del gobierno y de los oficiales cortesanos de carácter conservador. Aun así, Kang Youwei continuaría expresando sus ideas y opiniones. Tras la firma del Tratado de Shimonoseki y el descontento generalizado de la población, Kang sería aclamado en el movimiento reformista como su líder, siempre mostrando sus ideales de la transformación de la educación como punto de partida.

Otro pilar importante en la filosofía de Kang Youwei era el confucianismo, considerado por él esencial en las reformas que tenía en mente y con las que esperaba poder incitar a la formación personal de cada individuo y proteger a la nación de las influencias religiosas extranjeras, que consideraba una lacra y amenaza para China.[3] Irónicamente, para la buena ordenación del confucianismo instaurado como religión, Kang se fijó en la jerarquía de la iglesia católica (Usmanova, Martynov & Martynova, 2016).

Kang hizo hincapié repetidas veces y a lo largo de su vida en que la debilidad de la nación china residía en su insuficiente preparación si se la comparaba con otras naciones y países. Independientemente de los objetivos finales, lo primero que se necesitaba era una educación moderna y actualizada. Aun siendo un defensor del confucianismo y del estudio de los *Clásicos*, Kang no podía ignorar el provecho que se podría sacar de los conocimientos extranjeros, de modo que China pudiera finalmente equipararse a los otros países, pero sin perder sus creencias y esencias.

---

[3] Véase Tay (2010).

III. LIANG QICHAO

Con mayor contacto con las ideas más modernas y menos anquilosadas a la tradición, Liang Qichao (1873-1929) era el discípulo de Kang Youwei. A pesar de que comenzó a seguir a su maestro por su visión del confucianismo, los acontecimientos ocurridos en China (en especial los conflictos de las Guerras del Opio y la primera guerra contra Japón con la firma del humillante Tratado de Shimonoseki) y los fracasos militares marcaron fuertemente su carácter y mentalidad y esbozaron su futura trayectoria como intelectual y reformista. Su descontento fue tal que no dudó en acompañar a su mentor y al resto de los alumnos de Kang a la capital para presentarse ante el emperador Guanxu y exigir una serie de reformas que tendrían como finalidad salvar el país, entre las cuales destacaba la abolición del anticuado sistema de exámenes. Al igual que otros contemporáneos, Liang Qichao veía la carencia de pragmatismo en el aprendizaje de los Clásicos, y abogaba por una nueva educación más práctica y de carácter utilitarista e inmediato.

Aunque sus protestas en la capital junto a más de 1300 «jurens» contra el Tratado de Shimonoseki y sus exigencias fueron rechazadas, este momento resultó crucial porque sería el germen que llevaría al nacimiento de una corriente reformista de adaptación y renovación en la que Kang Youwei fue reconocido como líder.

Liang Qichao fue, de hecho, uno de los primeros en estimar la necesidad no de cambiar los conocimientos ya existentes en China, sino de adaptar y utilizar los más modernos, poniendo para ello Japón como punto de referencia. El país nipón había pasado por una serie de reformas de modernización en la Era Meiji, y no dejaba de ser una sorpresa para China que un archipiélago tan pequeño hubiese podido superarlos militarmente. Liang Qichao era consciente de los avances de Japón, por lo que consideraba que podían aprender tanto de ellos como de otros extranjeros. En su exilio en Japón al ser perseguido por sus ideales, confesaba que «Since coming to Tokyo (…) my mind has a result changed, my thinking and words have become so different from before as to appear to be those of another person» (Nguyen, 2016, p.2), dejando patente la gran influencia e impacto de la sociedad nipona en comparación con su país natal.

Liang Qichao también era un ferviente partidario de la idea de creación de sociedades y asociaciones que defendieran las reformas, y él mismo elaboró documentos enumerando los diferentes propósitos de tales grupos. Cabe mencionar el elevado número de objetivos destinados a la educación y su modernización mediante el uso de materiales traducidos. Así pues, destacaba la necesidad de obtener libros publicados de manera oficial y sistematizarlos, adquirir libros de autores occidentales para el uso de la gente, clasificar los materiales para su traducción, traducir periódicos de todo el mundo para facilitar el acceso a la información sobre los asuntos internacionales, adquirir mapas para el estudio geográfico y comprensión del estado geopolítico, etc. Además, era un entusiasta de la idea de la publicación masiva de libros de carácter pragmático para crear una nueva atmósfera que invitara al estudio y análisis y apostaba por la fundación de escuelas para cultivar las mentes y talentos de los niños más capacitados (Hao, 2013, pp.108-109). En definitiva, consideraba que la traducción era el paso previo, necesario y obligatorio para conseguir unos conocimientos modernos, pero externos a la población china y lograr poner en marcha las reformas y una actualización de la educación y de la sociedad en general.

Tal fue la importancia que otorgaba a las letras que fue el primero en traducir obras de autores occidentales como Rousseau, Locke, Hume, Hobbes o Bentham (Martín Ríos, 2014, p. 117), así como fue fundador de la revista *Nueva Novela*, pues antes que los textos puramente científicos esperaban que la literatura pudiera ser utilizada como primera herramienta ideológica para sus objetivos de reforma y desarrollo de enseñanza (Martín Ríos, 2014, p. 116). Además, bajo su vigilancia y tutela se fundaría una de las instituciones que más tarde darían lugar a la Universidad Imperial de Pekín, la cual sentaría un precedente en la educación moderna china.

IV. SUN YAT-SEN

Por último, cabe destacar una figura de gran relevancia que fue más importante como político que como intelectual o educador, cuya influencia, sin embargo, marcaría un antes y un después en China y con ello, en su sistema social, político y educativo. Sun Yat-Sen entró en la historia universal ante todo como político, dejando en un segundo lugar sus ideas reformistas en el ámbito educativo; no obstante, sin su visión de futuro es probable que el proceso de modernización se hubiese atrasado varios largos años o incluso más décadas.

Sun Yat-Sen (1866-1925), también conocido por su nombre natal como Sun Wen o Sun Zhongshan nació en el seno de una familia de clase media en Zhongshan, Cantón. Esta zona, al sur de la China continental, permitía una afluencia de diversas corrientes de pensamiento dada la fácil comunicación de la villa de la que procedía Sun Yat-Sen con otras ciudades, tales como las prósperas zonas de Hong Kong y Macao. Es así como Sun Yat-Sen creció en un ambiente de gran vigor, efervescencia y actividad intelectual, lleno de nuevas ideas traídas por los extranjeros o intelectuales (Ergenç, 2005, p.32). A la par que estaba en contacto con esa corriente de nuevas ideas, Sun también vivió de cerca la actitud pasiva y cruda del gobierno Qing, pues eran habituales los episodios violentos en su provincia y habitual era que las autoridades no hicieran nada al respecto (Ortega, 2013, p. 61). Esta atmósfera le llevó a la decisión de viajar a Hawái y reunirse allí con su hermano, Sun Mei, quien había hecho fortuna y consideraba que era un mejor entorno para que su hermano pequeño acabara los estudios. Allí, Sun Yat-Sen estudió en el Iolani College, siguiendo el modelo anglosajón, lo que le permitió instruirse en materias más allá del estudio de los Clásicos, como la lengua inglesa, la ciencia y la doctrina cristiana. Sería en ese ambiente donde Sun Yat-Sen gestaría sus primeros ideales políticos y consideraciones de modernización: «(...) he first gained the anti-Western feelings in this school. However, this sentiment should not be misinterpreted a rejection of the Western values. Quite the contrary, (…) caused internalization of Western values» (Ergenç, 2005, p. 33).

Fue en Hawái donde se empapó de las ideas antiimperialistas, rechazando la influencia y presencia estadounidense en las islas, lo que alimentó su espíritu revolucionario, aplicando estos sentimientos a la situación de su propio país:

> (…) los estudios en Iolani terminaron por convencer al joven Sun sobre una idea histórica: la resistencia de los países asiáticos a las agresiones occidentales. (…) Sus relatos de juventud se nutrían de las referencias míticas del periodo Taiping: la igualdad de hombres y mujeres, la denuncia de la esclavitud, junto a la promesa de un reequilibrio en la tenencia de tierra (Ortega, 2013, p. 62).

Entre estudiar medicina y política, Sun Yat-Sen se acabaría decantando por la primera, pero no por ello abandonaría su interés y formación en el segundo campo. En 1884 recibiría el bautismo cristiano, adoptando entonces de manera oficial el nombre de Sun Yat-Sen por el que posteriormente sería conocido (Ergenç, 2005, p. 33). En 1882 regresaría de Honolulu a China, para acabar sus estudios de medicina en la Canton Hospital Medical School en 1886, y al año siguiente seguiría formándose en el novedoso College of Medicine for Chinese en Hong Kong.

Aparte de ser un talentoso estudiante, Sun Yat-Sen buscaba también usar su estancia en esas instituciones para sus fines políticos y propagación de ideas:

> Although he felt that his life work lay in the salvation of China, he realized that he must choose a profession in order that he may have a cloak to cover his activities, and he regarded the medical profession (…) for the Chinese looked upon medical men as being immune from politics and he could carry on his propaganda without rousing too much attention from the authorities (Sun, 1927, p. 7).

Los diferentes conflictos de China (la guerra contra Francia en 1884 y la firma del Tratado de Tianjin a favor de los franceses) y la educación cristiana que recibió fueron fundamentales para seguir forjando su carácter antidinástico y pro-reformista. De este modo incluso llega a la idea de que en China existían dos tipos de extranjeros; los venidos de occidente, de los que se podría aprender e imitar los modelos para lograr una China moderna y fuerte, y los manchúes, que al no ser de etnia Han, podían señalarse como usurpadores de la verdadera cultura china al haber sido los responsables del debilitamiento del país (Ortega, 2013).

Es a finales del siglo XIX cuando Sun comienza enérgicamente su activismo político, incluyendo en su discurso el planteamiento de que la reforma en la educación podía ser uno de los principales pilares de la modernización, idea basada ante todo en la influencia de la ciencia occidental que había estudiado en su carrera de médico. El uso de contenidos modernos y su promoción podían ser empleados como forma de rechazo y protesta del mundo chino tradicional, anquilosado y atrasado. Así, junto a su hermano organiza la Sociedad para la Regeneración de China en Honolulu, la cual sería de uno de los primeros grandes hitos revolucionarios del joven reformista.

Sun viajó de Honolulu a Japón y de ahí a Hong Kong en busca de apoyos y aliados, logrando la participación de la Sociedad Literaria de Furen. Ese mismo año, la Sociedad de Sun preparó un golpe de estado contra el sistema manchú que permitiera el establecimiento de un gobierno de carácter republicano. Sin embargo, en la víspera del golpe las autoridades sabotearon y abortaron la intentona, cobrándose la vida de muchos revolucionarios amigos de Sun y obligando a este a huir a Hong Kong y a Japón, regresando finalmente a Hawái, donde continuaría trabajando con su hermano en su Sociedad de Regeneración de China.

Aunque la estructura de los consiguientes grupos respaldados por esta sociedad fuera desorganizada y con pocos miembros activos, el gobierno manchú ya tenía la mirada puesta en Sun como enemigo público, por lo que las persecuciones fueron a más, obligándolo de nuevo a huir a Estados Unidos y posteriormente a Londres, donde estaría retenido casi dos semanas y sólo lograría ser liberado gracias a la acción y apoyo de compañeros y amigos intelectuales, especialmente los occidentales.

Estas duras experiencias de exilio y constante huida, irónicamente, logró para el gobierno Qing lo contrario, pues Sun vio reforzada su imagen política y su influencia, las cuales usó para conseguir una mayor recaudación de fondos en sus viajes por Europa, América y Japón. Es durante su estancia en este país que abandona toda esperanza generalizada de salvar al imperio mediante las reformas, considerando únicamente como opción viable la fundación de la república. Esta postura contundente tuvo tanto partidarios como detractores; en este segundo grupo, por ejemplo, destacaba Kang Youwei, quien, como se ha explicado previamente, creía en la posibilidad del resurgir de un imperio fuerte y moderno. El enfrentamiento de Sun con otros reconocidos intelectuales le granjeó en ocasiones el apelativo de traidor a la patria, mas eso no detuvo al revolucionario de sus ideales y planes, los cuales fueron volviéndose cada vez más radicales y directos.

Durante su estancia en Tokyo fundaría en 1905 la Alianza Revolucionaria de China, de inicios muy modestos, pero que lograría ser el eje principal de todo el movimiento revolucionario posterior guiado por Sun. Únicamente en agosto, poco menos de un mes tras su fundación, la Alianza tendría más de trescientos militantes, la mayoría jóvenes alumnos, además de que contaba con una mejor organización, bien estructurada y capaz de trabajar de manera hegemónica a pesar de tener miembros en distintos países (Boorman & Howard, 1970, p. 16). Es en esta Alianza donde Sun establecería sus tres preceptos o pilares de su movimiento, los llamados «Tres Principios del Pueblo», los cuales consistían en el nacionalismo (el derrocamiento de una sociedad opresiva basada en el sistema imperial), la democracia (la protección de los derechos para el pueblo, en especial a los derechos de elecciones democráticas, de referéndum, la división del poder legislativo, judicial y ejecutivo, entre otros) y el bienestar social (la garantía de reparto equitativo de tierras y de sustento para la población) (Hsü, 2000, p. 459).

La Alianza, a pesar de los diversos fracasos que sufrieron en sus intentos de revuelta, siguió trabajando y ganando adeptos, y Sun continuaría viajando por China, Estados Unidos y Europa en su labor de recaudación de fondos para el fin de la Alianza. Fue en ese mismo año cuando el movimiento revolucionario en China crecía aceleradamente, al punto que, incluso con otra dolorosa derrota para la Alianza en Cantón, ganaron la atención, conmoción y apoyo de la comunidad china en ultramar (Boorman & Howard, 1970, p. 176), lo que motivó a esta agrupación a intentar de nuevo un golpe con mayores fuerzas, en esa ocasión en la propia China continental, eligiendo como centro de acción la ciudad de Shanghái. Curiosamente, mientras la Alianza planeaba ese gran golpe en la ciudad, Sun Yat-Sen continuaba viajando, buscando fondos y sin tener mucho conocimiento sobre la situación y el plan, ya que además de sus constantes viajes, carecía de contactos e informantes directos en China. Así, encontrándose él en Estados Unidos, se enteró por los medios de comunicación de que el golpe producido el 10 de octubre de 1911 fue un éxito, en el que el Nuevo Ejército, una fuerza militar modernizada bajo la tutela de Yuan Shikai y preparada para proveer a China de un grupo armado más moderno, se amotinó contra la dinastía a la que supuestamente juraba lealtad. Fue así como se inició una serie de levantamientos por toda China en contra de los Qing y su mandato: «una provincia tras otra se fue desvinculando de la dinastía» (Schirokauer & Brown, 2006, p. 348).

No sólo eso, sino que además se enteró por el mismo periódico que los revolucionarios lo habían elegido a él como presidente de la nueva república, por lo que Sun se precipitó a regresar primero a Europa para presentarse oficialmente como líder del movimiento revolucionario y obtener el reconocimiento diplomático de otros líderes occidentales (Boorman & Howard, 1970, p. 176). Sin embargo, el inicio de la república, como veremos más adelante, tendría ciertos obstáculos aún por superar en su camino, lo que llevaría a otra serie de descontentos y como consecuencia a propuestas de otras reformas.

Podemos afirmar que Sun Yat-Sen, más que un educador era ante todo un político revolucionario. No obstante, mencionarlo resulta fundamental para comprender las posteriores reformas sucedidas, dado que él representó el nexo entre el mundo tradicional y el moderno, lo cual sirvió de inspiración para consiguientes cambios y procesos de modernización; sin olvidar que, en esta nueva República, surgirían en un ambiente simpatizante a la reforma nuevos intelectuales que tomarían el relevo para los próximos cambios, no sólo del sistema educativo del país, sino de toda China.

V. La Reforma de los Cien Días

En este periodo de constantes derrotas y clara desestabilidad política y social, muchísimos reformistas e intelectuales se hicieron eco de la situación. Las protestas no cayeron en saco roto, pues llegaron al emperador Guanxu a través de Kang Youwei, Liang Qichao, Zhang Zhidong y otros.

Es importante destacar que, al contrario que su tía, la Emperatriz Viuda Cixi, quien se aferraba con puño de hierro a las tradiciones y se oponía firmemente a las innovaciones, Guanxu estaba abierto a ideas de reforma y cambio. No obstante, estar bajo la sombra de su tía impedía que pudiera ejercer alguna clase de poder real (más aún en reformas que pudieran afectar al propio poder de Cixi). Sin embargo, motivado por Zhang Zhidong y otros funcionarios, el emperador pondría en marcha en 1898 una serie de propuestas y cambios conocida como la Reforma de los Cien Días, entre las cuales también se incluía la transformación del sistema educativo. Con su tía Cixi retirada en el Palacio de Verano, el emperador ahora gozaba de libertad y autoridad para llevar a cabo su visión de cambio y modernización para China, haciendo uso de ideas coherentes, conociendo también mejor que sus predecesores la situación del país y lo que éste necesitaba. Así, en el marco de la educación figuraba una larga lista de propuestas innovadoras:

> Guanxu pidió que se efectuaran cambios en cuatro ámbitos principales de la vida y el gobierno del país. (…) ordenó la abolición del formato sumamente estilizado que se llamaba «el ensayo de ocho etapas» (…). También propuso que la belleza de la caligrafía y el conocimiento de la poesía dejaran de ser criterios decisivos para clasificar a los aspirantes a un título; en vez de ello, se hicieran más preguntas relativas a problemas prácticos de gobierno. (…) ordenó elevar la categoría de la escuela universitaria de Pekín y que se añadiera a ella una facultad de medicina, a que las antiguas academias (…) se convirtieran en escuelas modernas que ofreciesen educación tanto china como occidental, y que se abrieran institutos de formación profesional para estudios de minería, industria y ferrocarriles (Spence, 2011, p.323).

Se incluía en este repertorio de ideas la fundación de la Universidad Imperial de Pekín, la reorganización de las escuelas provinciales, la apertura de escuelas de carácter preparatorio previo al acceso a la Universidad Imperial, la traducción de los manuales extranjeros y la fundación de una Universidad de Medicina, entre otras muchísimas propuestas de carácter altamente progresista para su momento.

Aparte de las reformas en la educación, se propusieron mejoras en el ámbito de la economía, la industria y la agricultura, el establecimiento de oficinas modernas para la supervisión del crecimiento económico, la elaboración de presupuestos anuales para el país, la modernización y fortalecimiento de la armada y la agilización de la burocracia simplificando sus procedimientos (Spence, 2011, p. 324).

Sin embargo, mientras que esta serie de cambios parecían la esperanza para los intelectuales y reformistas al lado de Guanxu, existía un nada despreciable grupo de detractores del sector más conservador que, como la emperatriz Cixi, consideraban estos cambios una ofensa contra la esencia y tradición de China. La emperatriz Cixi se opuso firmemente a tales reformas, principalmente porque las consideraba producto de las presiones de los extranjeros a los partidarios de transformación del país y a su vez, de éstos sobre su sobrino Guanxu. Ante los rumores de intrigas palaciegas, Cixi regresaría a la Ciudad Prohibida, confinando a su sobrino en el palacio, retomando el poder absoluto y anulando los planes progresistas de este proyecto.

La situación no terminó ahí, pues mandó detener a varios de los asesores de Guanxu (incluyendo al hermano pequeño de Kang Youwei), los cuales fueron acusados de conspiración contra el Imperio y que tras un juicio arbitrario fueron ejecutados. Todo esto obligó al resto de reformistas y consejeros de Guanxu a huir del país, dejando atrás sólo los escombros de un ambicioso plan de modernización que no se llegaría a cumplir, acabando en un baño de sangre: «Los sueños de Liang Qichao y Kang Youwei de un programa reformista coherente que el emperador coordinaría en nombre de una nueva China habían terminado en desastre» (Spencer, 2011, p. 327).

A pesar del terrible desenlace de la Reforma de los Cien Días, no fue éste el final para la modernización, pues tal movimiento despertó un genuino interés general por la educación, al punto que, aun con ese fracaso, se fundaron diversas escuelas y colegios privados y se pudieron llevar a cabo algunas medidas propuestas en la Reforma, como la creación de la Universidad Imperial de Pekín, la que supuso un punto de inflexión muy importante de cara al futuro y al destino de China.

4

FUNDACIÓN DE LA UNIVERSIDAD DE PEKÍN

Tan importante como los reformistas e intelectuales que lucharon por la modernización resultan alguna de las organizaciones que fueron epicentro de gran actividad
cultural y transición educativa; y sin duda una de las instituciones de mayor renombre
fue la Universidad de Pekín, en la que no sólo estuvo Cai Yuanpei de rector, sino que
también fue cuna de grandes pensadores y políticos chinos como Li Dazhao (1888-
1927) o Mao Zedong (1893-1976).

La Universidad de Pekín tuvo unos orígenes humildes y no fue fundada a partir
de cero. Las propias bases para el posterior establecimiento de la Universidad Imperial
de Pekín (luego ya Universidad de Pekín tal como la conoceríamos) pasaron por un
largo proceso de aceptación y fundación, y no puede entenderse esta institución sin
comprender la Reforma de los Cien Días y los dos organismos que dieron lugar la
Universidad: La Tongwenguan (o Colegio de Conocimientos Combinados) y la Zongli
Yamen (u Oficina de Asuntos Exteriores).

La Zongli Yamen fue un organismo propuesto por el Príncipe Gong (1833-1898)
y otros funcionarios, buscando la fundación de una institución que sirviera de sitio
de resolución de conflictos con los extranjeros. El Príncipe Gong había vivido y visto
las terribles derrotas de China en las guerras, y comprendía bien la necesidad del
desarrollo de un órgano diplomático y de negociación; de ahí, la urgencia de tener un
establecimiento como la Zongli Yamen (Hao, 2013, p. 27). El objetivo de esta Oficina
era, pues, servir como academia de idiomas para entrenar a los futuros diplomáticos
e intérpretes, y rápidamente la idea fue aceptada y la Zongli Yamen fue finalmente
establecida en 1861, con otras pequeñas instituciones bajo su dirección como la propia
Tongwenguan un año más tarde.

Nacida directamente de la Sociedad de Fortalecimiento Nacional de Pekín y contando con miembros ya reconocidos e ilustres como Kang Youwei, Zhang Zhidong o
Liang Qichao, la Zongli Yamen buscaba ser un puente entre el conocimiento extranjero y occidental para que llegara a China, y Sun Jianai (1827-1909) establecería los

primeros estatutos de este centro, entre los cuales destacaban: la necesidad de equipo para el aprendizaje de química, matemáticas, etc.; la recaudación de fondos para asegurar el éxito y correcto funcionamiento de la institución; la división del trabajo de los profesores en el ámbito lectivo e investigador y la publicación y edición de libros traducidos al chino, entre otros. Es de este modo como la Zongli Yamen adquiere también un papel como Bureau Oficial de Publicaciones, en pos de una labor divulgativa y académica (Hao, 2013, pp. 119-120).

La Tongwenguan tuvo algunos problemas para su aprobación (especialmente por parte de los sectores más conservadores y tradicionales), aunque en 1862 quedaría aprobada su planificación. Siguiendo el modelo de la Zongli Yamen, su objetivo era la enseñanza de lenguas, en especial la inglesa, y aunque comenzó humildemente, con no más de diez alumnos, si bien entre los años 1863 a 1866 se incluyeron también algunas otras materias y divisiones que incluían la lengua francesa, la astronomía o las matemáticas. Pocos años después, comenzaría a recibir alumnos de otros institutos de Shanghái o Guanzhou, y la Tongwenguan logró incluso invitar a profesores extranjeros ilustres para que estuvieran en calidad de decanos.

En el lapso entre 1871 a 1877, el número de campos de estudios creció rápidamente, incluyéndose más lenguas como el alemán, pero también otras asignaturas como física, química, historia mundial, geografía y otras (Hao, 2013, p. 32). Es en ese año de 1877 cuando la Tongwenguan supera el centenar de estudiantes, y yendo un paso adelante, tras la derrota contra Japón en 1895, instauró rápidamente un departamento de lenguas asiáticas, con especial mención en la japonesa, invitando también a profesores nipones para enseñar la lengua; todo esto con la clara intención de imitar y asimilar los conocimientos de quienes los habían derrotado.

A pesar del gran éxito que resultó la Tongwenguan y su rápido crecimiento en diversos campos de estudio en tan poco tiempo, no dejaba de encontrar obstáculos y problemas, especialmente críticas y detractores desde el sector más tradicional de la sociedad china, que no aceptaban un nuevo modelo educativo que dejaba atrás el clásico y ortodoxo de las enseñanzas confucianas, así como criticaban los heterogéneos grupos de estudiantes que estudiaban en la academia o a los profesores extranjeros, a quienes tachaban de inmorales (Hao, 2013, p.40). Especialmente dura fue la lucha para mantener la enseñanza de astronomía y matemáticas en la Tongwenguan, pues diversos letrados instruidos en el sistema clásico llegarían a la firma y envío de diversos edictos a las autoridades e incluso a las emperatrices (Cixi y Ci'an), aunque finalmente todas estas protestas fueron rechazadas (Hao, 2013, p. 42).

La razón por la cual ambas emperatrices acabarían defendiendo esta institución es bien sencilla: por una parte, la emperatriz Ci'an era una marioneta bajo la influencia de Cixi, y ésta a su vez, aunque se posicionaba muy en contra de las reformas e influencias de carácter occidental, tenía en muy alta estima al príncipe Gong, favorecido además por los intereses de la emperatriz. Esto resultó de gran ventaja para Gong, pues básicamente estar en su contra era casi como oponerse a la emperatriz; no por ideales, sino por mero favoritismo.

Resulta, sin embargo, cuanto menos curioso destacar cómo el apoyo de Cixi a Gong ayudaron a éste a cimentar las bases de estas instituciones y de una futura Universidad, y es probable que, de haber sospechado las intenciones de reforma del príncipe, Cixi hubiese tomado un rumbo diferente de acción. La Tongwenguan continuaría así creciendo y gozaría de un elevado estatus y era ya respetada no sólo por chinos, sino también por extranjeros, y sin duda en su riqueza educativa surgiría la primera semilla para la fundación de la Universidad Imperial de Pekín.[4]

La Universidad Imperial de Pekín no tardaría en surgir como producto de las dos instituciones mencionadas previamente. Hay que destacar que Sun Jianai, administrador de la Zongli Yamen, era una figura muy cercana al Emperador Guanxu, pues había sido su tutor, de modo que ejercía sobre él una fuerte y positiva influencia hasta tal punto que el emperador resultó interesado en traer reformas a China. Otros miembros de la Zongli Yamen, como Li Duanfen, también redactaron edictos al emperador con la propuesta de fundar escuelas a lo largo del imperio y de espacios de estudio (Hao, 2013, pp. 124-126). Es así como Guanxu llegó a debatir y discutir con la Zongli Yamen para analizar los detalles para llevar a cabo el ambicioso proyecto de fundación de una institución de estudios superiores. Finalmente, Guanxu dio los permisos a Sun Jianai para empezar los preparativos de la fundación en la capital.

La noticia fue aceptaba más positiva que negativamente y no faltaron intelectuales, reformistas e incluso extranjeros que intentaban hacer llegar sus opiniones, ideas y propuestas. Aunque la apertura se demoró un par de años por culpa de los conservadores, finalmente en 1898 fue inaugurada, y en 1902, la Tongwenguan pasaría a formar parte de la misma institución.

La Universidad Imperial de Pekín nació así en el periodo de las Reformas de los Cien Días. Por las censuras y edictos en su contra por parte de la Emperatriz Cixi, esta institución sería la única de toda la serie de medidas y cambios que sobreviviría a esta purga contra la modernización; sin embargo, quedó como baluarte de los futuros reformistas e intelectuales:

> «(…) then and there, the Imperial University of Peking, the only fruit of reforms that survived in the foul winds and bloody rains of the Wuxu Reforms and the first institution of higher education was officially born» (Hao, 2013, p. 166)

---

[4] Sobre el papel del Principe Gong en la creación de la Universidad de Pekin véase con más detalle Magdalena Mironesko (2019).

I. Las bases de la Universidad de Pekín

La Universidad de Pekín no surgió sin unas bases previas. Bien es cierto que ya existían ideas para la creación de un centro de este nivel académico, aunque las constantes luchas internas entre la tradición y la modernidad harían que la inauguración de esta institución llegara de forma diferente.

Antes de los primeros esbozos de la Universidad Imperial de Pekín se crearon algunas instituciones que servirían de base (aunque sin pretenderlo) para la futura Universidad: la Tongwenguan (Colegio de Estudios Combinados) y la Zongli Yamen (Oficina de Asuntos Exteriores). Estos dos centros cumplían su función de academias de idiomas (a fin de poder traducir manuales y textos extranjeros y poder aplicar los conocimientos de éstos en la educación china) y desarrollar los trabajos de traducción. En el caso de la Oficina de Asuntos Exteriores, los libros para el centro fueron seleccionados con gran cuidado por los miembros del mismo, y los siete estatutos principales que se establecieron para esta institución serían, a posteriori, los primeros esbozos para crear la futura Universidad Imperial de Pekín. Estos estatutos contemplaban:

1. La recopilación de material bibliográfico para formar una biblioteca, haciendo hincapié en el conocimiento clásico y tradicional.
2. La traducción de libros extranjeros y su edición en chino.
3. El equipamiento para el aprendizaje de matemáticas, química, biología, geología, etc. en sus correspondientes laboratorios.
4. La expansión de la educación y enseñanza, buscando profesores preparados y los alumnos, activos y trabajadores.
5. La recaudación de fondos para asegurar la estabilidad económica del centro.
6. La división del trabajo entre profesores y alumnos.
7. La solicitud de elaboración de un sello para el director del centro, de manera que pudiera ser usado para firmar documentos oficiales y en asuntos que lo relacionara con otras instituciones.

En este periodo, es importante recalcar la actividad del emperador Guanxu y de su tutor y profesor, Sun Jianai. El emperador, al contrario que su tía la emperatriz viuda Cixi, mostraba un genuino interés por las reformas para China, y Sun Jianai conseguiría a través de su pupilo una posición considerable como uno de los principales organizadores y administradores de la Zongli Yamen. Otro intelectual y miembro de esta institución, Li Duanfen, propuso al emperador el establecimiento de escuelas de este tipo a lo largo de todo el territorio nacional.

Por su parte, la Tongwenguan fue el pilar principal para la Universidad. Proyecto del príncipe Gong, uno de los favoritos de la emperatriz Cixi, en su planteamiento eran una serie de escuelas especializadas, principalmente de idiomas. Iniciada con muy pocos alumnos, fue desarrollándose y creciendo a la par que las otras instituciones creadas para esos fines didácticos y de enseñanza de lenguas. En cuanto a la Zongli

Yamen, con su crecimiento, se consideró necesario que ambos centros no fueran sólo sitios de instrucción, sino lugares donde desarrollar la inteligencia y habilidades de los estudiantes y donde hubiera espacio para la mejora.

Este ambicioso proyecto de fusionar las instituciones para formar una Universidad fue objeto de intenso debate, en especial por parte del emperador Guanxu y sus allegados. Es en 1896 cuando se dan los permisos a Sun Jianai para empezar con los preparativos para la fundación de tal centro en la capital, aunque aún faltarían algunos años (1898) para que la Universidad abriera sus puertas de manera oficial.

La inauguración de esta institución rápidamente llamó la atención de todos los habitantes de la capital, locales y foráneos. En este periodo, la corte imperial no hizo sino recibir propuestas, ideas y opiniones para la Universidad, quedando demostrado así el interés que suscitaba este centro y la disposición a traer algo tan novedoso y moderno a China. Antes siquiera de la apertura de la nueva universidad numerosos intelectuales (chinos y extranjeros) debatieron desde la metodología hasta el personal que debía de ser contratado, y fue un periodo de gran actividad intelectual que apoyaba la creación de la Universidad de Pekín.

Finalmente, en 1898 la Universidad comienza su actividad, apoyada en la labor realizada previamente por la Zongli Yamen y la Tongwenguan, la cual se fusionaría en 1902 con la Universidad, dejando de ser un centro independiente.

El impacto producido por la fundación de la Universidad Imperial no fue sentido solamente en la propia China. Incluso los extranjeros residentes en China sintieron un gran interés por la Universidad y este acontecimiento no tardó en ser expuesto en informes diplomáticos y publicaciones de otros países, donde se describe tanto el centro como sus estatutos, asignaturas impartidas, niveles de enseñanza, etc. Así, nos han llegado incluso los datos del presupuesto destinado para la fundación de la Universidad y otros gastos tales como sueldos, becas, adquisición de material, etc., entre los cuales destaca un fondo dedicado a la compra de material científico de laboratorio y libros occidentales.

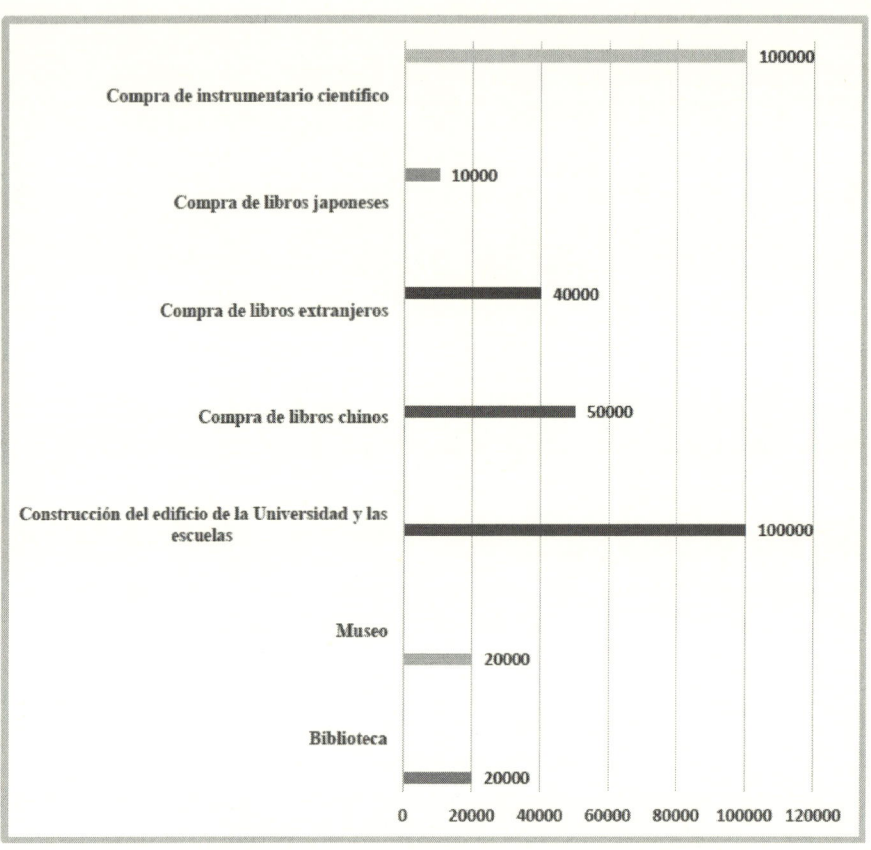

Tabla de elaboración propia, datos extraídos de Popov (1899, p. 206)[5]

La figura de la emperatriz Cixi en el contexto de la fundación de la Universidad es un objeto de debate: habiendo ésta saboteado y censurado las Reformas de los Cien Días, no pocos se preguntan qué hizo que no presentara oposición a la Universidad. La teoría más extendida es que estaba más interesada en el cómo se llevaría la institución y en manos de quién, más que si debía instaurarse tal centro. Después de todo, el posible uso y manejo de la Universidad (la cual estaría llevada por miembros leales a la dinastía y así defender la esencia tradicional china) le parecía una favorable y atractiva idea para sus planes. Esperaba de esta manera convertir la institución en una herramienta para defender la dinastía, al defender a su vez la Universidad sus valores. Cabe destacar que, sin embargo, la historia acabaría por colocar a la Universidad de Pekín en el otro extremo, convirtiéndose en un referente de lucha progresista, reformista e intelectual, y es así como la arrogancia y errores de la emperatriz cambiaron la nación.

[5] Cifras que expresan la moneda local, tale de plata o en chino 两 liang.

II. El inicio de la Universidad de Pekín

En esos tiempos turbulentos cuando estalló la revolución (10 de octubre de 1911), la Universidad logró desarrollarse, dado que fue un periodo de propuestas de nuevas vías de educación y enseñanza, propulsadas por los intelectuales como Kang Youwei, Zhang Zhidong o el propio Cai Yuanpei. Muestra de ello es la evolución de los exámenes civiles, en los cuales, aparte de cuestiones relacionadas con la ética confuciana y libros clásicos, incluían nuevas preguntas de geografía, lenguas, historia, etc. Había ahora una clara percepción de que los funcionarios formados por el sistema clásico de exámenes no resultaban útiles para la supervivencia de la nación (la cual estaba necesitada de diplomáticos, científicos, ingenieros, etc.), hasta el punto de que, tras numerosas modificaciones, el modelo moderno de educación (el cual tendría a la Universidad de Pekín como referencia) se impondría por encima de los exámenes. En 1905 los exámenes imperiales quedarían abolidos definitivamente. No cabe duda de que la eliminación de este sistema fuera un punto de inflexión para acabar con la anquilosada educación clásica y tradicional china, que hubiera durado hasta la dinastía Qing.

Siendo un gran y novedoso proyecto para la educación, se prestó mucha atención a la creación del currículum académico, así como a las normas de comportamiento, con el fin de lograr un nuevo plan de estudios. No pocos académicos e intelectuales, como hemos visto anteriormente, presentaron sus propuestas y planes para la nueva Universidad. Así, por ejemplo, Sun Jianai propuso crear una serie de ramas de estudio o facultades, en las que las asignaturas estarían organizadas por la cercanía de sus temáticas (minería con geología, química con medicina, etc.).

También se hizo hincapié en continuar la enseñanza de lenguas extranjeras, que era un pilar en la educación occidental que la china pretendía imitar. Se intentaba, del mismo modo, que quedaran asignaturas de corte tradicional. De esta manera, Sun Jianai presentó en 1898 una serie de materias, mostrando los cursos un novedoso modelo mixto: destacaban los cursos de estudio de los clásicos, del confucianismo, de filósofos anteriores a la dinastía Qing y chino clásico; a la par, se podía asistir a las asignaturas de japonés, alemán, ruso, francés e inglés, matemáticas, física, ciencias políticas, etc. Los estudiantes debían de acabar estos cursos de carácter general antes de comenzar sus estudios especializados.

En este periodo histórico convulso, desde 1899 hasta 1902, la Universidad quedó temporalmente paralizada al ser tomada por los Bóxers (miembros de un movimiento antiextranjero), si bien la emperatriz Cixi ordenó la reapertura posteriormente.

Desde 1902 el currículum académico seguiría ampliándose, en especial en lo que a nuevas asignaturas se refiere. En 1902 finalmente se reorganizaron los cursos en siete asignaturas: ingeniería, agricultura, ciencias, literatura, política, medicina y comercio, con el propósito de una mejor estructuración de los contenidos. Se aspiraba con esta organización preparar a futuros profesores y científicos.

En cuanto a los exámenes finales, al haber cambiado su modelo con respecto a los exámenes clásicos y tradicionales anteriores, resultaron ser más útiles para mostrar los conocimientos adquiridos por los estudiantes. Como se puede comprobar, la Universidad no escatimó en gastos ni esfuerzos para realizar una transformación en su plan de estudios, la renovación de sus materiales, la modernización de su metodología y en su sistema de exámenes. Indudablemente, este impulso y afán permitieron establecer una base sólida para el futuro desarrollo de esta institución.

III. Nuevas regulaciones de la Universidad de Pekín

En cuanto a las normativas de la Universidad de Pekín, su lista abarcaba desde el comportamiento de los alumnos y las prohibiciones hasta las reglas para dirigir la institución. Entre otras, destacaban:

1. La creación de una escuela de enseñanza preparatoria.
2. La fundación de una oficina nueva de traducción, donde pudiera recopilarse periódicos, libros y manuales en lenguas extranjeras.
3. La fundación de una biblioteca para la investigación y labor traductora.
4. La recaudación de fondos.

Entre las reglas a seguir por los alumnos para garantizar un buen comportamiento, cabe destacar, entre otros:

— El respeto al profesor, realizando al inicio de cada semestre un saludo al altar de Confucio.
— Un estricto horario de apertura y cierre fuera del cual nadie podría entrar o salir.
— Un horario dependiendo de la estación, comenzando las clases a las siete de la mañana y acabando a las once en verano, y empezando a las ocho y acabando a mediodía en invierno.
— El absentismo estaría gravemente castigado. Habría además una rigurosa inspección de asistencia, so pena de expulsión.
— Los dormitorios serían compartidos contando con un jefe (un estudiante) por cada dormitorio.
— La duración de cada carrera sería de tres años. Los estudiantes, sin embargo, podrían solicitar permisos de ausencias por causas mayores como enfermedades, matrimonios o funerales.
— Antes de ser admitidos en la Universidad, los estudiantes pasarían por una rigurosa examinación para comprobar su nivel académico, para ser luego ubicados en primer, segundo o tercer nivel.
— En sus horas extracurriculares, los estudiantes deberían de tener tiempo para ejercitarse físicamente.
— Las ausencias de los estudiantes deberían presentarse por escrito y certificadas por sus padres o tutores.

— Los estudiantes evitarían malos hábitos tales como fumar, beber o apostar y se presentarían bien aseados y vestidos a las clases, dado que, en caso contrario, se consideraría una falta de respeto.

— Todos los edificios y espacios debían de mantenerse limpios, esto es, sería duramente penado escupir, orinar o incluso defecar en cualquier sitio que no estuviera dispuesto para tal fin.

— Era imperativo el respeto al profesor, hablar con educación, sin elevar la voz ni hacer ruidos molestos ni importunar al resto de compañeros en clase.

— Se comprendían como infracciones acciones tales como faltar a clase sin justificación, invitar a gente de fuera a comer o dormir en los dormitorios de la Universidad, ser irrespetuoso, etc. Supondrían un punto negativo en el historial del estudiante (Hao, 2013, pp. 286-291).

Estas normas establecidas por Sun Jianai presentaban, como se ha podido comprobar, un riguroso registro de la asistencia del alumnado, así como de su conducta y comportamiento, siendo el castigo ante estas infracciones la expulsión temporal y en ocasiones incluso total de la Universidad. Otras reglas implicaban el respeto a las tradiciones y valores confucianos, la lealtad a las autoridades y figuras imperiales, por lo que las ideas disidentes o antimonárquicas estaban muy vigiladas.

Inevitablemente, era habitual la formulación de nuevas reglas y disposiciones para nuevos aspectos que iban surgiendo; es así como Sun Jianai incluyó normas acerca del mantenimiento de los edificios, de los deberes y labores de los profesores (tanto chinos como extranjeros), las obligaciones de los monitores de dormitorios, etc. (Hao, 2013, pp. 291-294). Todas estas regulaciones servirían para desarrollar la Universidad de Pekín y convertirla en el modelo a seguir en China. Era de esperar que, con estas reglas tan firmes y estrictas, la institución prevalecería y se fortalecería; así se asentaron sus bases, convirtiéndose en el futuro la Universidad de Pekín en una institución de gran prestigio, lo cual permitiría el periodo republicano servir a un propósito mayor, para que China diera sus primeros grandes pasos hacia la modernidad.

CAI YUANPEI: REFORMISTA Y EDUCADOR

Uno de los intelectuales de mayor importancia y peso en el periodo de modernización de la educación china en el siglo XIX y XX es, sin duda, Cai Yuanpei
(1868-1940). Su figura resulta, en general, desconocida para Occidente y España en
particular, incluso siendo rara vez mencionado en estudios de Asia Oriental. Dentro
de China, sin embargo, sería el equivalente a los más relevantes y prestigiosos grandes
educadores tales como John Dewey o John H. Newman. Fue un intelectual de enorme
actividad, no únicamente como Ministro de Educación o posterior Rector de la Universidad de Pekín, sino también como fundador de diversas instituciones académicas
como la Academia Sínica, la de la Lengua Francesa o la de la Música.

La relevancia de Cai Yuanpei como reformista en el campo de la educación reside
principalmente en sus ideas de desarrollo y modernización en el sistema educativo y
su indiscutible papel en el movimiento de la Nueva Cultura y el 4 de Mayo de 1919.
Asimismo, fue figura crucial en la Universidad de Pekín. Además, gracias a su carácter
abierto a diferentes puntos de vistas y opiniones, facilitaría el paso a otros muchos intelectuales en la Universidad, como a Li Dazhao, Chen Duxiu e incluso a Mao Zedong.
No hay ninguna duda de que Cai Yuanpei desempeñó un papel muy importante, no
solamente para su época, sino también abriendo el camino a posteriores reformistas e
intelectuales, ilusionados con el futuro desarrollo de China.

I. CAI YUANPEI EN SU JUVENTUD

Cai Yuanpei nació en Shaoxing, Zhejiang el 12 de enero de 1868. A pesar de que
su padre era gerente en un banco, eso no implicó una infancia acomodada para su familia, dado que su padre solía prestar a sus amigos generosas cantidades de dinero y a su
muerte en 1877 dejó a su familia en una situación económica complicada, lo que obli-
garía al joven Cai Yuanpei a abandonar los estudios temporalmente. La familia quedó
al cargo de la madre de Cai, incluyendo aquí la educación de sus hijos, criándolos con

«diligencia y frugalidad» (Boorman & Howard, 1970, p. 295) y, orgullosa, negándose a aceptar las diferentes ayudas económicas que los amigos de su difunto marido le ofrecían. A pesar de haber muerto su padre siendo Cai Yuanpei aún muy jovencito, heredaría tanto de él como de su madre lo mejor de ambos: «T'sai Yuan-p'ei inherited both of the instinctive generosity of his father and the independence of his mother» (Boorman & Howard, 1970, p. 295).

Cai Yuanpei podría continuar sus estudios gracias a la tutela de un tío suyo, con quien estudiaría durante otros dos años, y posteriormente, con otro tutor (Wang Zhuchuang), se instruiría en las bases de la educación confuciana, como la correcta composición de los ensayos de ocho partes, pero también aprendería de este maestro los conceptos del neoconfucianismo. Poco tiempo después, a los 22 años de edad, Cai Yuanpei aprobaría sus exámenes de acceso, mostrando ya desde muy joven su talento para el estudio al lograr su título de «Jinshi» en 1890, y un año antes, su título de grado de Arte. En 1892, dos años después de conseguir su titulación de «Jinshi», fue nombrado miembro de la Academia de Hanlin.

Como se puede comprobar a través de las diversas fuentes bibliográficas disponibles, tanto en chino como en inglés, los estudios de los años jóvenes de Cai Yuanpei, al igual que de otros muchos intelectuales de su tiempo, se enmarcaron en el ámbito tradicional. Sin embargo, su insaciable avidez de conocimientos y aprendizaje lo llevaron a cuestionarse la literatura clásica y acercarse más a la filosofía confuciana, y éstos fueron los puntos de partida de Cai para transformar su enfoque respecto al mundo y Occidente, un pilar de gran importancia para su posterior filosofía.

Criado bajo la doctrina confuciana, Cai Yuanpei creía en una esencia moral del universo y en la idea de lograr una armonía con el cosmos. Para este fin, recurría al estudio, mediante el cual se podría fortalecer el *li* (las ceremonias, ritos, tradiciones…) y desarrollar el *ren* (los buenos sentimientos hacia los demás). Le preocupaba el lugar del hombre en la sociedad y la ética, a nivel personal y colectivo. En definitiva; creía que una sociedad funcionaría correctamente cuando una persona funcionara correctamente (en sus relaciones con la familia, el resto de la sociedad, el mundo, etc.). Del mismo modo, creía en la inherente bondad del ser humano y la importancia individual de la persona en comunidad.

Sin embargo, Cai, como otros muchos intelectuales de mente activa, no podía evitar estar en desacuerdo con ciertos puntos del confucianismo, y aunque no podemos realizar un juicio completamente preciso sobre sus opiniones ante esta filosofía, sí resulta posible formular algunas visiones generales e hipótesis acerca de sus puntos de vista. Para empezar, Cai Yuanpei se oponía a participar en inútiles discusiones sobre las diferentes interpretaciones del confucianismo; tampoco era partidario de las teorías rígidas de enseñanza Han. En definitiva, Cai Yuanpei parecía más preocupado en encontrar solución a diversos problemas morales que a discutir sobre ellos, pues le parecía mejor la acción que la teorización e interpretación de estas doctrinas confucianas.

Cai Yuanpei, movido por su curiosidad natural, se llegaría a fijar en un grupo de su propio distrito, la Sociedad de Estudio de Shaoxing (Shaoxing Study Society), cuyos miembros luchaban fervientemente por conseguir tres grandes metas de carácter ético: terminar con la pobreza, erradicar la enfermedad y acabar con el mal en el mundo (considerados estos tres objetivos como «los tres grandes deseos» o Da San Yuan). A pesar del carácter utópico de esta lucha, muchas veces considerada como imposible, Cai Yuanpei se sentiría genuinamente impresionado por estas ambiciones, así como por la lectura del *Comentario de Gonyang*, que conectaba a Confucio con un profeta que anunciaría un largo periodo de paz y democracia que acabaría alcanzando el Datong o Gran Unidad.

Éstas serían algunas de las influencias tempranas en Cai Yuanpei. Crecería así para convertirse en un adulto muy interesado por la ética, en especial en la de carácter y tradición confuciana en la que había crecido y en esos momentos vivía. También sentía fascinación por el estudio y entendimiento de conceptos tales como la bondad absoluta del hombre, la armonía o el orden, ideas que se asentaron firmemente en su pensamiento (Duiker, 1977, p. 7). Así, aunque fuera como otros intelectuales una persona criada en la tradición confuciana y un fruto de ésta, no podía evitar considerar que el verdadero objetivo era alcanzar la reforma social y conseguir la meta de la Gran Unidad. Estas primeras cuestiones y dudas sobre el confucianismo se reforzarían con los años hasta formar parte intrínseca de su pensamiento y espíritu educador y progresista.

II. Los inicios de Cai Yuanpei como reformista y pedagogo

Al igual que a otros muchos intelectuales de su momento, el conflicto de la primera guerra de China contra Japón supuso un duro golpe moral para Cai Yuanpei. No ignoraba que fue mediante la Restauración Meiji como Japón había conseguido los medios necesarios para fortalecerse, imitando el modelo occidental; por su parte, era igual de consciente del modelo anquilosado y anticuado de China en comparación con el país nipón. Por otro lado, la población china mostraba cada vez más abiertamente su descontento ante estas situaciones, llegando a protestas y movimientos antidinásticos. Cai Yuanpei llegó a la conclusión de que la razón de la victoria de Japón había sido la aceptación por parte de este país de influencias y conocimientos extranjeros, lo que le animó a estudiar japonés y acercarse a la propia educación occidental, buscando comprender dónde residía la clave de tal éxito (Boorman & Howard, 1970, p. 296).

De hecho, Cai Yuanpei fue desarrollando un fuerte sentimiento patriótico y contra la dinastía, considerando que ésta debía ser derrocada, pues siendo el principal pilar de la tradición, lo era también de lo anticuado, lo insalvable, el verdadero obstáculo para la transformación de China a un país moderno como lo era entonces Japón. Del mismo modo, en contra de este arraigado sistema tradicional, Cai Yuanpei ligaba su sentimiento antidinástico con su pensamiento anarquista, mas no entendiéndolo como el concepto occidental de supresión del estado y eliminación de poder contra la libertad del individuo (DRAE[6]). Su anarquismo era, ante todo, el rechazo al conjunto de normas del confucianismo y a la jerarquía que mantenía en un estatus inamovible al individuo desde su nacimiento hasta el final de su vida. En este mismo sistema, además, se consideraban los conocimientos de la tradición clásica (la filosofía, el conocimiento de los libros clásicos, la composición de ensayos de ocho partes, etc.) como los de «alta alcurnia», despreciando y condenando al ostracismo las ciencias exactas, tecnológicas, etc.

Llegó así a una poderosa conclusión: la modernización de China no podría tener lugar bajo un gobierno imperial, sino una vez destruida la dinastía, pues ésta representaba el más serio obstáculo y pesado lastre para la nueva China. Para ello, era necesaria la formación de un partido apoyado por el pueblo. Cai Yuanpei creía en la idea de la democracia, pero era consciente de que era imposible instaurarla de golpe, sino que supondría un proceso gradual. Para lograr ese fin, Cai Yuanpei consideraba que lo principal era desarrollar la educación para las masas y prepararlas para la entrada del pensamiento y conocimiento occidental. Con estos planteamientos en mente, Cai Yuanpei no tuvo reparos en criticar abiertamente, al igual que otros intelectuales, los exámenes tradicionales, a pesar de haber sido formado dentro de este mismo sistema educativo.

Tras la derrota de China contra Japón, Cai Yuanpei continuaría estudiando, pero también enseñando en diferentes academias privadas, en su búsqueda de expandir el conocimiento extranjero. Fue ascendiendo exitosamente en su carrera, trabajando en diversas instituciones como la Escuela Chino-Occidental de Shaoxing (Shaoxing Chinese-Western School), la Universidad de Shanshan del distrito Sheng (Sheng District Shanshan College); en algunas de ellas, en calidad de profesor, y en otras incluso como director. Finalmente, Yuanpei llegaría a Pekín, donde se establecería. Es allí donde conocería a otros intelectuales y reformistas como Kang Yowei, con quien tuvo algunas diferencias de opiniones.

En la capital vivió las frustradas Reformas de los Cien Días, algo que impactó muchísimo al joven Cai, y que despertaría aún más su espíritu activista. Regresaría así a su ciudad natal, renunciado a su cargo en la Academia de Hanlin, y en Shaoxing empezaría a concebir sus propias ideas; entre otras, volvería al plan de necesidad de un partido reformista fuerte que pudiera derrocar la vieja dinastía, y que estuviera respaldada por el pueblo. Sin embargo, ¿cómo contar con el apoyo de éste? Consciente de que era imposible realizar un paso abrupto de un sistema dinástico a una democracia, Cai se decantó por la vía de educar a las masas, la introducción del pensamiento occidental y, así, la preparación de la población para apoyar ese proyecto democrático de

---

[6] Anarquismo | Definición | Diccionario de la lengua española | RAE - ASALE

una China que, por fin libre de las ataduras de la dinastía, podría desarrollarse igual que Japón en su momento. Para Cai, la postura de otros reformistas para modernizar la dinastía había fracasado y era un plan inútil, de este modo únicamente quedaba una respuesta, y era la revolución:

> Ts'ai began to feel that change within the dynastic system was a vain hope. K'ang Yu-wei's program failed, he concluded, because the reformers had erroneously believed that a group of progressives could change a corrupt government and modernize a nation through a simple coup d' etat (Duiker, 1977, p. 8).

Es en este periodo cuando Cai se vuelve un miembro muy activo de diversas sociedades revolucionarias, como la misma Alianza Revolucionaria de Sun Yat-Sen, pero no por ello dejaría de lado su labor educativa, entrando en la Escuela de Aprendizaje de China y Occidente (Shaoxing Chinese-Western School) como profesor y supervisor. Es precisamente en esta última institución donde empieza realmente Cai Yuanpei su camino de reformista progresista y moderno.

El ambiente en esa Escuela era propicio para que tanto él como otros compañeros intercambiaran libremente sus ideas y opiniones, que posteriormente compartían en clase con sus estudiantes. Era común la puesta en práctica de nuevas metodologías y el debate sobre los elementos más tradicionales. Así, por ejemplo, se discutía acerca de la emancipación de la mujer y su derecho al estudio, los derechos humanos o teorías sociales. Sin embargo, este núcleo de profesores de pensamiento más liberal no dejaba de ser una minoría en comparación con el resto de maestros, quienes advirtieron a las autoridades de estas prácticas poco ortodoxas en la academia. Cai, en protesta ante esta presión que le obligaba a seguir unos protocolos y mandatos que consideraba anticuados y anquilosados, acabaría por renunciar a su puesto en esta escuela para partir a Shanghái, donde entraría en la Escuela Pública Nanyang (Duiker, 1977, p. 9).

En esta época Shanghái, como ciudad portuaria, era el núcleo económico, cultural y más desarrollado del país, lleno de vida intelectual y artística, con una gran presencia de extranjeros y de crecimiento cultural (como se puede ver en la publicación de numerosos periódicos y revistas de influencia occidental). En comparación con otras ciudades, las reuniones de intelectuales y entusiastas eran más comunes, así como era más patente el elevado descontento de la población ante la gestión del gobierno. Es allí donde Cai encontraría a otros activistas y reformistas radicales y la ciudad sería una gran fuente de influencia sobre él, su pensamiento y filosofía.

En 1901 fundaría junto a otros intelectuales una importante institución académica, la Escuela Patriótica para Chicas (Patriotic Girl's School), la cual fue un gran proyecto para la educación femenina. Previamente ya se habían realizado algunas reformas en el ámbito de la instrucción para la mujer, pero siempre con las expectativas de convertirlas en futuras buenas esposas y madres, ignorando mayoritariamente su propia formación, desarrollo e independencia. Estas primeras academias, si bien de manera lenta, fueron los primeros importantes pasos para lograr la educación moderna para las mujeres.

Sin embargo, este centro no fue relevante únicamente por su labor educativa para la mujer; fue también un bastión de actividad revolucionaria en ese periodo de considerable descontento con el gobierno y de activismo revolucionario. De hecho, tendría una gran importancia para dar cobijo y protección a Cai Yuanpei y sus alumnos en los años venideros.

En 1902 se fundó en Shanghái la Asociación de Educación China, en la cual Cai Yuanpei, usando el pseudónimo de Jie Min figuró como fundador y presidente, quien definió en un informe la actividad de tal organismo:

> El principal objetivo de la Asociación de Educación China era promover el desarrollo interno de China, (…). Las principales actividades de la Asociación de Educación China eran: establecer una Asociación Patriótica para aquellos que se hubiesen ido de la Escuela Pública de Nanyang, la Escuela Patriótica para Chicas, así como tener una biblioteca de instrumental científico (…) (Cai, 2012a, p.40-trad. de la autora)[7].

Los diferentes miembros de la asociación coincidían con Cai Yuanpei en la importancia no sólo de la educación como medio de modernización, sino en los distintos aspectos para lograr tal fin, como la adquisición de nuevos materiales de estudio y adaptación de metodologías de enseñanzas novedosas, sin olvidar la mejora de aquellos apartados ya implementados.

En ese ambiente de crispación, de tensión y de descontento, eran habituales las protestas y huelgas: es así como en 1902 los estudiantes de la Escuela Pública de Nanyang saldrían a protestar contra las rígidas normas de las autoridades gubernamentales, las cuales rechazaron rotundamente las demandas de los alumnos. Cai Yuanpei no ignoró este suceso, posicionándose del lado de los estudiantes, y como forma de protesta dimitió de su cargo; no significó, sin embargo, el fin de Cai Yuanpei como educador ni el de sus alumnos en su educación, pues la Escuela Patriótica para Chicas, fundada un año antes, les daría protección y techo. Ahora que esta Escuela daba cobijo a estudiantes masculinos, se convirtió así y de manera inesperada en uno de los primeros centros de educación mixta, y su nombre pasó a ser el de Academia Patriótica de Shanghái (Patriotic Academia), y además de a Cai Yuanpei, aceptó a varios miembros de la Asociación como profesores. Siendo varios de los docentes miembros de la anteriormente mencionada Asociación de Educación China, era común que, mediante las lecciones de historia, geografía o política se enalteciera la idea de la revolución; fuera de las aulas, el activismo persistía, ya en forma de protestas públicas, reuniones, etc.

Sin embargo, no fueron años exentos de problemas y disputas. La represión y las medidas drásticas de las autoridades manchúes se encrudecieron, reduciendo considerablemente la actividad de los grupos revolucionarios de Shanghái. Por otro lado, e igual de grave, la Asociación de Educación China y la Academia Patriótica de Shanghái (la

---

[7]   中国教育会成立的本意是推动国内教育事业的发展，(…)。中国教育会的活动主要有：为收容南洋公学退学青年设立爱国学社，爱国女学，并办有科学仪器馆，(…) (Cai, 2012a, p. 40)

cual había pedido anteriormente una ayuda económica a la primera para sobrellevar la carga que suponía el nuevo alumnado) estaban en constante controversia. Lo que comenzara como un debate sobre las ayudas económicas acabó por convertirse en discusiones ideológicas y enfrentamientos personales entre los líderes de ambos bandos, Wu Zhihui (1856-1953) y Zhang Taiyan (1869-1936). Los intentos de agrupar ambas asociaciones de nuevo unidas por una sola meta fracasaron, rompiendo así relaciones definitivamente.

Ante esta situación, Cai no dimitió, pero aprovechó la coyuntura para marchar a Qingdao. Las tensiones continuaron en Shanghái tras su partida, llegando a ser perseguidos los revolucionarios y reformistas por la publicación de diversos panfletos y revistas de contenido antidinástico, volviéndose una auténtica persecución a estos grupos. Como refugio, estos intelectuales se protegían en las concesiones extranjeras en Shanghái, fuera del alcance de las autoridades chinas, aunque finalmente y mediante diversos permisos y concesiones, se llegaría a encarcelar a varios de estos revolucionarios, incluidos los editores del *Periódico de Jiangsu*, a lo que seguiría poco después la clausura de la Academia Patriótica, suponiendo esto un golpe muy duro.

Cai Yuanpei no pasaría mucho tiempo en Qingdao, dado que la situación allí también era complicada. Volvería en 1903 a Pekín, pero el riesgo que suponía estar en la capital era muy elevado, por lo que regresaría un año después de nuevo a Shanghái y volvería a su actividad política, retomando el cargo de director de la Escuela para Chicas, que sobrevivió a esos difíciles años. A la par, antiguos compañeros y otros alumnos chinos regresaban de sus estancias en el extranjero, cargados de nuevas ideas y con mentes más abiertas.

Fueron precisamente algunas de sus viejas amistades las que animaron a Cai a participar activamente en una organización rebelde; es de este modo como en 1904 nace la Sociedad de la Restauración, la cual crecería hasta tener cierto renombre. La pobre gestión de Cai Yuanpei hizo que la Sociedad no durase mucho tiempo; sin embargo, el considerable impacto que había tenido en sus años más activos fue suficiente para llamar la atención de una organización mayor, la Alianza Revolucionaria liderada por Sun Yat-Sen. Ambas sociedades se pusieron en contacto y la Sociedad de la Restauración logró convertirse en una subdivisión en Shanghái de la Alianza Revolucionaria. Cai Yuanpei volvería a dimitir de su cargo de presidente de la Sociedad y de director de la Escuela para Chicas, para regresar a Pekín y trabajar en el Bureau de Traducción; poco después, Cai abandonaría por primera vez China para viajar a Europa y comenzar así una nueva etapa en su trayectoria vital.

Se puede afirmar que, en este período, previo a su estancia en Occidente, Cai tuvo una labor muy activa, si bien se ha podido comprobar que destacaba mucho más como humanista, filósofo y pedagogo que como gestor. Reflexionó mucho sobre los obstáculos que creaba la dinastía, pero también acerca del sistema educativo y sus bases tradicionales y clásicas. En muy pocas líneas concentró su crítica a este modelo de enseñanza:

> My childhood was wasted by being entirely committed to becoming a successful candidate in the imperial examinations. My youth was devoted to pedantic learning, a scholasticism confined to explaining the classics and annotating historical works. I began to discover its limitations at the age of 30 (Zhang, 1993, p. 148).

Cai Yuanpei también definió los principales rasgos de un sistema educativo anquilosado y atrasado, los cuales enumeró en seis puntos:

Primero, criticó lo que llamaba la «vulgaridad de la educación»; la única meta que se fomentaba era la de aprobar los exámenes que daban acceso al candidato a un puesto de trabajo como funcionario. La razón que motivaba a estos individuos era, principalmente, el ascenso en su posición social, por lo que no contemplaban en realidad el crecimiento personal ni el desarrollo intelectual. La búsqueda de ganancia económica era muy superior al propio interés académico, y no pocos de los que aprobaban esos exámenes resultaban estar poco preparados, de ahí que Cai Yuanpei considerara que la base de esta educación se sostenía sobre unos pilares de vulgaridad, beneficio propio y codicia.

A continuación, criticó los materiales didácticos dirigidos a los alumnos. Basándose el sistema de exámenes en el contenido de los libros clásicos, el número de manuales a los que acudir se reducían a un número muy limitado; por otro lado, no existía un incentivo externo para consultar libros ajenos a los objetivos de los exámenes. A este problema Cai Yuanpei lo categorizó como «desorden de los contenidos».

Otro punto a destacar era la «superficialidad», muy relacionada con el problema anterior de desorden de los contenidos. Cai Yuanpei criticaba que la educación tradicional resultaba insustancial, especialmente en su método de aprendizaje que consistía principalmente en la repetición y entrenamiento de la memoria y no del razonamiento y reflexión apoyados en los conocimientos. De nuevo, los exámenes tradicionales exigían respuestas muy concretas (incluso fragmentos exactos), por lo que no se alentaba al desarrollo de la introspección y comprensión profunda de lo que se estudiaba.

Añadía también a su crítica la compleja relación entre alumno y profesor, especialmente en la «inspiración al temor al maestro». Siguiendo la base de la cultura confuciana y su jerarquía de relaciones (maestro-alumno en este caso), se esperaba un respeto incondicional y una obediencia total al tutor, significando esto que los alumnos estaban bajo el dominio de sus profesores sobre ellos. La posibilidad de preguntar, inquirir o debatir no se contemplaba en absoluto, lo que llevaba a una clara y extrema situación desfavorable para el alumno. Esta relación, junto al constante dominio que ejercían los maestros sobre los estudiantes, el método de enseñanza arcaico, la presión por aprobar y la carencia de materiales convergen en otro problema de la educación clásica: la «desmotivación del alumno». Todos estos elementos del sistema educativo llevaron a Cai Yuanpei a una conclusión final: que la enseñanza inefectiva y anquilosada era el «engaño de la educación».

Sin embargo, Cai era consciente de que no se podía hacer un cambio curricular instantáneo que fuera aceptado por la sociedad china al momento, así como que no era posible traer contenidos y asignaturas nuevas, partiendo de cero. Era necesario un proceso paulatino y adaptativo, en el que se empezara revisando o modificando las disciplinas tradicionales, para así ordenarse progresivamente siguiendo el modelo y los paradigmas europeos. Por consiguiente, Cai estructuró las materias y conocimientos de una forma vertebrada, acercando el mundo chino clásico al occidental con los modelos estadounidenses, europeos y japonés (modernizado en el periodo Meiji).

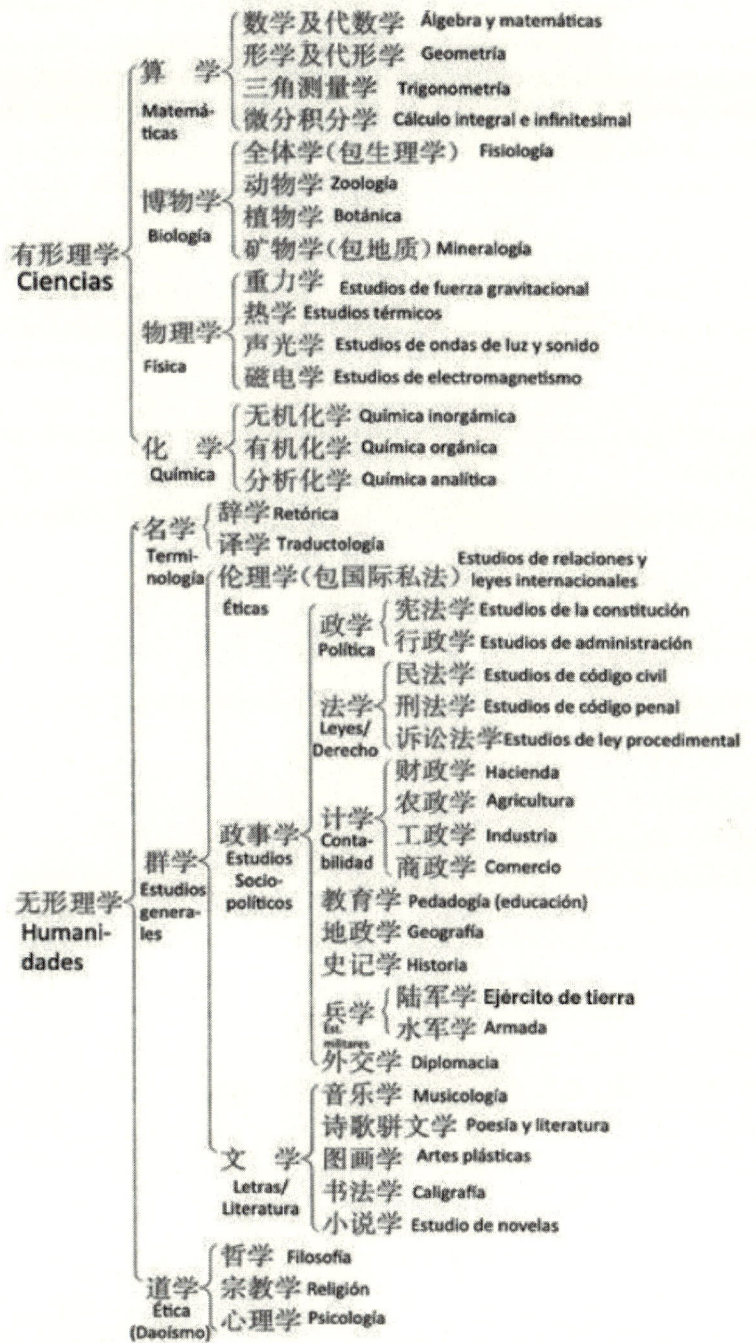

Esquema de las asignaturas occidentales, asignaturas impartidas en China y de los estudios propuestos por Cai Yuanpei. Basado en Cai (2012b, p.9- traducción de la autora).

Mediante este método, Cai buscaba crear un puente entre ambos mundos académicos y facilitar la comprensión y estudio de esas materias más modernas, hacerlo más ameno y accesible para los estudiantes chinos y volver estas disciplinas y su estudio más atractivo e interesante para la población. Del mismo modo, continuó ordenando las asignaturas y materias, no solamente por similitudes de contenido y forma, sino que también las dividió según consideraba pertinente conforme a la edad y género de los estudiantes, con un claro propósito de estimulación del crecimiento intelectual del individuo, que sólo podría lograrse si lo estudiado era adecuado a sus circunstancias. Éstas serían algunas de sus primeras ideas y propuestas antes de acceder al cargo de Ministro de Educación en la República de China en 1921. Hasta entonces, continuaría estudiando, siempre buscando cómo poder ayudar a los futuros estudiantes chinos.

III.   LA ESTANCIA DE CAI YUANPEI EN EL EXTRANJERO Y LA INFLUENCIA DE LA FILOSOFÍA OCCIDENTAL

De gran importancia para la formación del pensamiento pedagógico de Cai Yuanpei fue la filosofía occidental. Mirando hacia Occidente como el ejemplo a seguir, no pocos anhelaban viajar a los Estados Unidos o Europa en busca de nuevos conocimientos, y Cai fue uno de tantos reformistas que tuvieron ese deseo. Muchos intelectuales viajaban a Japón, que había adaptado el modelo occidental a su sistema educativo, social y político, y resultaba un destino mucho más cercano y familiar; sin embargo, Cai Yuanpei se esforzó y recaudó los fondos necesarios para viajar a Europa. Con la invitación de un embajador chino en Alemania, Cai logró por fin llegar al país germano en 1907, donde se matricularía en la Universidad de Leipzig, consiguiendo su graduado en Letras tres años más tarde. Allí, estudiaría bajo la tutela de profesores como Karl Gotthard o Wilhelm Wundt, y además de escribir varios compendios sobre la filosofía, moral y ética china, tradujo numerosos libros del alemán al chino.

Después de su graduación, Cai seguiría en Europa viajando, llegando a Francia, donde junto a otros intelectuales chinos fundaría en París, en el año 1915, la Sociedad Franco-China de Educación, con el objetivo de facilitar la movilidad a otros estudiantes de China para estudiar en el extranjero. Los otros fundadores de la Sociedad, Li Shizheng (1881-1973), Wu Shihui (1865-1953) y Zhang Renjie (1877-1950) entablarían buena amistad entre ellos y Cai Yuanpei, y entraron posteriormente en la historia del periodo de la República de China como *The Four Elder Statemen of the Kuomingtan* («los Cuatro Hombres de Estado del Partido Nacionalista) (Boorman & Howard, 1970, p. 297).

Es en Europa donde Cai Yuanpei entra en contacto más a fondo con la filosofía occidental, en especial con las teorías de la Ayuda Mutua (Mutual Aid) de Piotr Kropotkin y el Darwinismo Social de Herbert Spencer. Ambas teorías tenían en común el análisis del aspecto de la humanidad y la interacción entre diversas sociedades, si bien con grandes diferencias; la teoría de la Ayuda Mutua implicaba la colaboración entre diversas naciones para la subsistencia, influenciándose mutuamente los rasgos más beneficiosos para un crecimiento positivo; la teoría del Darwinismo Social, por su parte, emulando el modelo de evolución biológica de las especies de Darwin, se adaptaba al campo social, implicando que las sociedades más débiles eran incapaces de sobrevivir a las más fuertes, quienes absorbían a estas culturas menos compactas o las que no resultaban adecuadas para subsistir.

Según William J. Duiker, la situación vivida por China en el siglo XX bien podría analizarse como un caso de sociedad afectada por esta teoría del Darwinismo Social; China había sido un gran imperio y potencia asiática durante muchos siglos y era difícilmente influenciada o absorbida por otras naciones como la japonesa, vietnamita o coreana (quienes sí sufrieron en distinta medida influencias de China). Únicamente con la llegada de una potencia superior, el Imperio Británico, China empezó a tambalearse como nación, demostrando ser incapaz de sobrevivir ante esta amenaza, pasando de ser un habitual vencedor a ser un vencido.

Duiker explica que la característica principal del Darwinismo Social consistía en la interna lucha entre sociedades, mentalidades y culturas. Esta teoría fue ampliamente rechazada por los intelectuales chinos del siglo XIX, principalmente porque chocaba con su propia filosofía de la búsqueda de la armonía y destacaba las peores facetas de la sociedad, tales como la apropiación y borrado cultural, los saqueos, las guerras, etc. Además, tampoco estaban por reconocer la supremacía de una nación por encima de China; sin embargo, a pesar de ese repudio a tal teoría no dejaba de ser menos cierta. La teoría de la Ayuda Mutua, sin embargo, se presentaba para los intelectuales chinos como una opción menos cruda y más amable para la sociedad, basándose en las mutuas influencias entre naciones, transformando valores atrasados en otros más modernos y adecuados y formándose así un desarrollo dinámico entre varios grupos sociales que llevarían a un imparable progreso.

Como otros intelectuales chinos, Cai Yuanpei sentía un profundo rechazo al Darwinismo Social, que consideraba muy negativo para su propia visión, la cual era mucho más positiva y utópica. Por ello, al igual que otros contemporáneos suyos, se aferró a los conceptos de la teoría de la Ayuda Mutua, rechazando así las ideas de conflictos entre sociedades, y a favor del crecimiento de las diversas sociedades en sincronía y simultáneamente. No es de extrañar que Cai Yuanpei, como sus coetáneos, tuviera mayor facilidad en apoyar esta teoría, pues conceptos como armonía y naturaleza que se exponían en las ideas de la Ayuda Mutua eran elementos que ya aparecían en las enseñanzas clásicas confucianas, creando así un puente entre ambas filosofías.

La teoría de la Ayuda Mutua, además, al contrario que el Darwinismo Social, hacía también un mayor hincapié en el desarrollo de la moral humana y los vínculos entre individuos, conceptos también presentes en la educación y filosofía clásicas chinas. Esta teoría apuntaba bien sus metas de naturaleza nacionalista (entendiéndose ésta como el fortalecimiento y enaltecimiento de una nación que hubiese sufrido un estado de debilidad y buscaba un urgente cambio en su situación). El desarrollo de los vínculos entre los miembros de esta sociedad atraía especialmente a Cai Yuanpei, quien veía en ello la formación de individuos que podrían fortalecer moralmente a China de una manera correcta y necesaria, hasta llegar a un estado de «armonía».

Esta teoría parecía la más correcta a ojos de Cai, puesto que China, además, no había pasado por un periodo de Renacimiento como había ocurrido en Europa, por lo que su única forma de desarrollarse desde ese punto estanco era mediante la influencia de otras sociedades y la adaptación y seguimiento de los modelos occidentales. Mientras que en Europa se empezaron a imitar los paradigmas clásicos de la Antigua Grecia y del Imperio Romano, China no había podido pasar por ese Renacimiento al haber sido la cultura dominante, aquella que influenciaba a otros y no al revés: «With the exception of India, none of her neighbours (of China) possessed a cultural level equal to her own. Forced to rely upon her own cultural resources, China had turned inward and had failed to grow after the classical period» (Duiker, 1977, p. 20).

Del mismo modo, la Ayuda Mutua de Kropotkin también resultaba de utilidad para Cai Yuanpei en su búsqueda de traer la verdad universal, pues ésta, como indica Duiker (1977, p. 21), no es el resultado ni el fruto de una sola civilización y cultura, sino un producto emergente a partir de todas las del mundo.

Además de filosofía, en Alemania Cai Yuanpei estudió los conceptos de ética, religión y arte, llegando a la conclusión de que el progreso y mejora de la sociedad china implicaba no sólo avances tecnológicos, industriales y científicos, sino también de carácter filosófico. Si bien Cai Yuanpei era un ferviente defensor del desarrollo de la ciencia para el crecimiento de China, tenía una seria preocupación sobre la moral de la sociedad y el impacto directo que tenía sobre el progreso intelectual en los individuos. Las ideas de Cai se comprendían como una equilibrada mezcla entre las bases filosóficas clásicas de China y las de Occidente. Sin embargo, la teoría de la Ayuda Mutua fallaba aquí, tanto en que estos ideales se basaban en adaptar los conceptos más materialistas, pero no los de carácter más espiritual. Para Cai, eso resultaba un punto débil en esta teoría, que era incapaz de dar respuesta a las preguntas que no podían encontrar su explicación en la ciencia.

Es entonces cuando Cai Yuanpei comienza a estudiar la filosofía de Immanuel Kant, cuyas teorías y planteamientos buscaban el equilibrio entre el mundo material y científico (fenómeno, mundo tal como se percibe a través de los sentidos y, por ende, analizable mediante métodos empíricos y científicos) y el mundo ético y trascendental (nóumeno, aquello que no es posible percibirse ni medirse con los sentidos ni observado empíricamente). A partir de estas teorías, Cai fue esbozando su propio sistema filosófico. Del mismo modo, estudió a filósofos neokantianos que habían previamente analizado las teorías del filósofo alemán, e indagó en profundidad las obras de Paulsen, quien en sus teorías añadía un mayor peso y valor al apartado de la moral y ética, en lo que llamaba «el corazón de la filosofía» (Duiker, 1977, p. 25), siendo este último pensador quien más influiría en Cai Yuanpei, especialmente en su interés de conseguir la utopía y armonía entre las naciones y en la nueva China moderna.

Es importante aclarar el concepto de estética que estudiaba Cai, el cual provenía de los estudios kantianos. Como tal, el concepto de «estético» en el mundo filosófico fue acuñado por el pensador Alexander Gottlieb Baumgarten en su libro *Meditationes philosophicae de nonnullis ad poema pertinentibus* en 1735, siendo tal obra el inicio «canónico», como describen Mininger y Peck (2016), del estudio de la estética en la filosofía alemana. Para ello «Baumgarten reorients philosophy away from «genuine» knowledge and self evident logic, toward sensation and perception»*;* el filósofo prestaría en sus teorías la atención al mundo perceptible mediante los sentidos, las cuales requerirían de nuevos términos para referirse correctamente (Mininger & Peck, 2016, pp. 1-2). El estudio de la estética era concebido por Baumgarten como una parte de la metafísica y de la psicología, y en especial como una parte relacionada con el «alma».

> They regarded aesthetics as a part of empirical psychology, which «deduces its assertions based upon experience that is nearest to hand» rather than rational psychology, which «deduces its assertions based upon the concept of the soul through a longer series of arguments.» What is more, Baumgarten (…) identified aesthetics as the science of the confused cognition of the lower cognitive faculty, sensibility, as opposed of the higher cognitive faculty, the understanding (2018, p.13)

De estos inicios surgen las ideas de otros seguidores, tales como Friedrich Schiller, Theodor Adorno, Hegel o el propio Kant.

IV. Cai Yuanpei como ministro de educación

El periodo que tratamos a continuación es una etapa corta en la carrera pedagógica de Cai Yuanpei, pues no únicamente tuvo sus discrepancias con otros altos cargos políticos de la nueva China, sino porque está no terminaba de asentarse sobre bases sólidas y sufrió unos años muy duros que no fueron prometedores para el proyecto de república.

Para empezar, los movimientos revolucionarios previos a la República de China ya eran clara muestra del descontento generalizado de un sector de la población para con el sistema tradicional y su gobierno. Así, por ejemplo, destaca el fallido intento de reforma de 1898 de Kang Youwei, un punto crucial que acrecentó los recelos del sector intelectual y reformista chino. El octubre de 1911 finalmente fue el momento definitivo que presionaría (aunque no lo conseguiría inmediatamente) para la formación de una república.

Sun Yat-Sen, considerado padre de la revolución y de la república, ni siquiera estaba en China cuando triunfó el golpe de estado de octubre, enterándose de la noticia mediante los medios de comunicación americanos, puesto que se encontraba en los Estados Unidos de Norteamérica. A su regreso aún tuvo que lidiar con Yuan Shikai, último bastión que separaba la «ansiada» república del gobierno y sistema imperial, al ser este último el comandante de las tropas del emperador. Después de las negociaciones y establecerse la República de China, cabe destacar el complejo inicio de este proyecto. Entre los distintos acuerdos de Sun Yat-Sen y Yuan Shikai, el más importante fue el nombramiento de Sun como «Presidente de China». A su vez, éste abandonaría el cargo a favor de Yuan Shikai, siempre y cuando lograra, previamente, la abdicación del emperador Puyi.

Si bien el general Yuan Shikai consiguió, en efecto, las firmas y abdicaciones de Puyi y con esto poner final a la dinastía Qing y a todo el sistema imperial chino, no cumplió sus promesas de proteger la República como su nuevo presidente. No faltaron miembros del nuevo gobierno republicano que desconfiaban o no comulgaban con la ética de Yuan Shikai, considerándolo carente de espíritu revolucionario. Cai Yuanpei fue uno de ellos: de hecho, a pesar de haber sido elegido como Ministro de Educación de esa nueva república, sus desacuerdos con Yuan Shikai y su rechazo a esta persona hicieron que el pedagogo chino abandonara su puesto tan sólo tres meses después de ser designado para ese cargo; una táctica habitual de Cai Yuanpei para mostrar su protesta.

Lo cierto es que la historia demostró que, tanto Cai como otros compañeros más recelosos del nuevo presidente, sus sospechas estaban más que justificadas; en 1915, tres años después de la «fundación» oficial de la República, Yuan Shikai intentó establecer su propia dinastía con él como cabecilla y nuevo emperador de China. Sus intenciones quedaron entonces claras para todos; apartar de cualquier forma a los contendientes al poder: al emperador Puyi heredero por nacimiento de ese poder y a Sun Yat-Sen, elegido por el pueblo por su labor revolucionaria. Con ambos frentes derrotados, Yuan creyó que no tendría especial dificultad de establecer su propia dinastía, pero no pudo haber estado más equivocado: las protestas, rencillas y batallas por este nuevo e ilegítimo mandato duraron hasta 1916, no superando este proyecto de «nuevo imperio» el año de existencia. Fue un golpe extraordinariamente duro para Yuan Shikai, quien moriría al año siguiente, arruinado y enfermo, siendo relegado por Li Yuanhong (1864-1928).

La República, por suerte, continuaría con su proyecto, si bien este inicio tan convulso marcaría unos años difíciles y de incertidumbre para China. Para entonces, Cai Yuanpei ya no formaba parte del cuerpo ministerial del gobierno, y estaría a punto de empezar una emocionante y enriquecedora carrera como rector de la Universidad de Pekín, pero su corto periodo como ministro nos deja, aun así, una de las etapas de su vida más interesantes y activas, pues nunca dejó de trabajar en pos de la educación, la cual, como ya hemos visto, sería su herramienta de revolución y de armonía.

V. CAI YUANPEI Y LOS CINCO TIPOS DE EDUCACIÓN

Con la fundación de la República de China se presentó para Cai Yuanpei una gran oportunidad. Si bien es cierto que no fue el primer candidato para el nuevo gobierno, también por algunas de sus diferencias remarcables con Sun Yat-Sen, el firme apoyo de sus amigos intelectuales y su brillante currículum lo situaron finalmente como ministro de Educación de la República. Aunque fue un periodo muy breve no por ello Cai fue menos prolífico en sus teorías e ideas. Cabe destacar en especial aquí la teoría de las cinco educaciones que debían de implementarse en la sociedad de la nueva China, que condensaban muy bien la propia filosofía de este intelectual, quien esperaba traer un cambio significativo a la nación.

Las cinco educaciones que Cai Yuanpei planteaba para la nueva China incluían diferentes campos y disciplinas, las cuales eran: educación ciudadana y militar, educación pragmática utilitarista, educación moral, educación global o de cosmovisión y educación estética. Estas cinco educaciones eran el resultado de su profundo análisis crítico de la educación clásica tradicional china, así como de su metodología (el temor al profesor, la falta de motivación en el estudio, el método de aprendizaje de memoria, materiales didácticos anticuados y desfasados, etc.), esperando Cai que estas nuevas educaciones pudieran servir como fundamento para la creación de una nueva sociedad no solamente instruida, sino preparada para vivir en una nueva etapa histórica.

La primera educación, la de carácter ciudadano/militar, tenía una base clara y sus planteamientos ya habían sido compartidos previamente por otros contemporáneos chinos: era necesario tener una fuerza militar que pudiera defender China en caso de emergencias bélicas, pero también buscaba que esto pudiera fomentar el crecimiento del sector industrial en el país. A pesar de su carácter pacifista, Cai Yuanpei no podía negar la necesidad de fomentar este carácter militar, si bien de manera más pasiva que activa (defensa de la nación en lugar de iniciativas bélicas en pos de la nación); pero su idea de la educación militar no quedaba sólo en el desarrollo de la potencia del ejército, sino también para evitar que los propios militares accedieran al poder mediante procedimientos ilícitos. Esta educación buscaría también poder educar e instruir al ciudadano de a pie en caso de guerra para tener un conocimiento sobre cómo reaccionar en esas situaciones, de manera tal que pudiera resultar útil para la nación llegados esos extremos (Duiker, 1977, p. 45).

La segunda educación era de carácter utilitarista/pragmático, estrechamente relacionado con el primer tipo de educación pues el eje principal de esta premisa eran los avances científicos, tecnológicos e industriales necesarios para el avance militar. Esta educación tiene una base claramente inspirada e influenciada por John Dewey y su filosofía pedagógica, por lo que no se limitaba a la evolución de las ciencias pragmáticas, sino también apostaba por el desarrollo de los individuos, de la democracia y de la economía. Cai Yuanpei esperaba que esto resultaría en un crecimiento de la alfabetización en el país, así como traería un mayor acceso a la educación. Todo ello repercutiría positivamente en la industria y en la economía, y esto, por consiguiente, de nuevo en sus ciudadanos, creando así una suerte de proceso cerrado: «utilitarian education would attempt to raise the material and technological level of the nation in order to further national prosperity» (Duiker, 1977, p. 45).

La tercera educación se centraba en el desarrollo moral. Cai consideraba que el crecimiento espiritual del individuo podría verse afectado y con ello una persona podría dejarse llevar por la arrogancia, la agresividad y los placeres materiales, siendo incapaz de tomar decisiones éticas (Zhang, 1993, p.150). El pedagogo creía también que, sin esta educación moral, el avance económico e industrial de China desembocaría en el caos al masificarse y llegar a desbordarse. La educación moral proporcionaría las necesarias bases del comportamiento ético de la sociedad, de forma que el hombre evitaría caer en la dinámica de opresión y explotación de sus semejantes. Del mismo modo, Cai esperaba un cumplimiento de las leyes por parte de los ciudadanos, amparados bajo estas normas preparadas y establecidas para salvaguardar su seguridad. Para conseguir tal objetivo con esta educación, Cai Yuanpei apoyaba las ideas de unificar la visión científica occidental con la oriental; si bien esta combinación podía conllevar algunas dificultades para la población china, menos familiarizada con las características del espíritu científico occidental, esta fusión era también necesaria para encajar en el mundo cada vez más globalizado.

La cuarta educación que Cai Yuanpei proponía era la que él llamaba de *cosmovisión*, la cual tenía como objetivo evitar el egoísmo materialista, partiendo de la base de las ideas kantianas del mundo del fenómeno y noúmeno y también para servir de contrapeso a la educación militar y utilitarista. Zhang explica que Cai «hoped that the cultivation of a proper world view would help foster more altruistic and elevated sentiments, thus moving on towards understanding the essential unity of all humankind» (Zhang, 1993, p. 150).

La quinta y última educación era la de carácter estético, muy ligada a la anterior filosofía de *cosmovisión*: Cai abogaba por la belleza en forma de arte, danza y música como elementos que podrían mantener activa y feliz la vida académica de los estudiantes (Zhang, 1993, p.5); del mismo modo, como hemos visto anteriormente, incluía aquí el concepto de «estética» de los filósofos occidentales, de manera que esperaba que pudiera usarse como puente para comprender las distinciones del mundo del fenómeno y del noúmeno.

Como se puede observar, la estructura educativa de Cai estaba muy enfocada a los objetivos utópicos de sociedad ideal, democrática y cultivada; sin embargo, la situación del momento en China hizo que no todas estas ideas fueran aceptadas de la misma forma, dado que antes resultaba imperante el desarrollo económico, militar e industrial que los ideales estéticos y morales. El gobierno del que ahora formaba parte como ministro mostraba un interés más bien escaso en sus educaciones de cosmovisión y estética, inclinándose más por la utilitarista, la militar y la ética, la cual se esperaba que sirviera para la educación de cumplimiento de leyes y comportamiento cívico. Las prioridades, como hemos mencionado anteriormente, requerían del avance de unos aspectos antes que otros, lo cual no dejó de ocasionar sino algunas diferencias y crear debates sobre el planteamiento pedagógico de Cai, cuya piedra angular era el enfoque filosófico:

> Education (...) must be directed at more than achieving «the greatest material happiness for the greatest number». Man requires the satisfaction of spiritual as well as material needs. Education, therefore, must have a broader aim, to help humanity understand the real world beyond the phenomenal world (Duiker, 1977, p. 46).

Cai Yuanpei no fue el único ni el primero en haber abogado por propuestas e ideas de esta índole; el mismo Zhang Zhidong ya había sido defensor del utilitarismo, el desarrollo moral y el militar, como bien se ha visto anteriormente; y si bien el gobierno no fue especialmente entusiasta con la implantación de las cinco educaciones en su conjunto, Cai había logrado que se pusiera el foco de atención en éstas, siendo elementos que se desarrollarían más tarde en años venideros y de la mano de otros progresistas e intelectuales.

VI. LAS REFORMAS DE CAI YUANPEI COMO MINISTRO DE EDUCACIÓN

Aunque el periodo de Cai Yuanpei en el Ministerio de Educación fue más bien corto, esto no significa que no fuese fructífero. De hecho, el reformista fue muy activo durante su cargo hasta el momento de su dimisión, aprovechando que estaba en una posición ideal para llevar a cabo las reformas y mejoras que esperaba o, como mínimo, poder poner sobre la mesa sus ideas y propuestas. En el libro *Peking University: Chinese Scholarship and Intellectuals (1898-1937)* (2005) la autora Xiaoqing Diana Lin explica que Cai aspiraba a crear un plan de estudios moderno, acorde a la nueva educación de la República. En esta educación, Cai insistió en la eliminación de cualquier tipo de culto a la figura de Confucio, para evitar los casos de favoritismo por parte de aquellos intelectuales que pudieran rechazar los títulos universitarios occidentales; del mismo modo, buscaba así liquidar la base de la educación tradicional, la cual ya no tenía lugar en una China moderna.

Usando como referencia el modelo académico francés, Cai propuso la idea de descentralización de la educación china, empleando una fórmula de jerarquía con la Universidad de Pekín a la cabeza y organizándose en distritos. El plan principal de Cai era el de establecer universidades por todas las provincias chinas, las cuales serían controladas y monitorizadas por las correspondientes autoridades. De este modo, China estaría dividida en una serie de distritos académicos con una universidad principal ejerciendo de guía en esa provincia, y los directores de estas instituciones habrían sido elegidos previamente por el Estado. En su planificación Cai proponía dividir el territorio en seis distritos, siendo estos Pekín, Wuchang (posteriormente Wuhan), Nanjing, Cantón, un distrito sur y un distrito norte. A nivel de liderazgo en los asuntos organizativos y administrativos, así como en los aspectos intelectuales y académicos, la Universidad de Pekín seguiría estando a la cabeza (Lin, 2005, p. 52).

Como se puede comprobar, Cai Yuanpei tenía una especial urgencia en que se formasen universidades nuevas y modernas por toda China, dado que consideraba que eran el eje principal del cambio educativo. Bien es cierto que esto puede parecer contraproducente o contradictorio con sus ideas de educación de masas, pues en estas universidades sólo se ofrecía educación especializada superior y a un porcentaje de estudiantes mucho menor que al total de la población china, pero Cai Yuanpei tenía sus motivos para ello: era muy consciente de que, sin profesores bien preparados y eficaces, no se lograría la formación de las futuras generaciones. Serían estos futuros docentes los que se encargarían de la educación de las masas. Cai Yuanpei creía que una educación masificada, pero mediocre, podría ser más un obstáculo que un avance, de ahí que tuviera que empezar desde el otro extremo: «Once a number of teachers were trained, obligatory education should be established» (Duiker, 1977, p. 47).

No hay que pensar que Cai Yuanpei no prestaba atención a la educación de las masas, entendida como aquella que comprendía desde la infancia hasta la universidad. Sin embargo, también era consciente de un problema: el elevado porcentaje de población adulta que no había tenido acceso a la educación y no estaba instruida. Para solventar esta situación sin tener que buscar la escolarización y educación de esos adultos, Cai propuso otra solución: la fundación de bibliotecas públicas, salones de lectura, creación de periódicos y revistas, etc. que pudieran ser accesibles para este segmento de la población, dándoles un primer acceso, público y gratuito, a una formación e instrucción básicas, las cuales claramente no podrían sustituir la labor de las escuelas, institutos o universidades, pero podrían resultar enormemente positivos en el proceso de desarrollo de la educación en la mayor parte de la población, formándose así paulatinamente un pueblo nuevo, más cultivado que el de décadas y siglos pasados.

Otras de sus importantes propuestas incluían la educación mixta, permitiendo el acceso de las mujeres en todos los niveles de educación primaria y secundaria (aún faltarían unos años para el acceso de éstas a la educación universitaria, concretamente en 1920).

También trató Cai temas tan espinosos y controvertidos como la reforma de la lengua. Consideraba que una de las principales causas del elevadísimo nivel de *analfabetismo* en China era la propia lengua china, cuya escritura, sistema y estilo no resultaba sencillo de aprender, exigiendo años de dedicación para poder leer y escribir con soltura, lo que representaba un considerable contratiempo en el desarrollo de la educación y formación de los alumnos. Para facilitar la enseñanza, Cai Yuanpei (así como otros reformistas, como se verá más adelante) abogaba por la simplificación de la lengua, incluso de la adaptación a un sistema alfabético en la escritura o la introducción del esperanto de cara a poder reducir el analfabetismo en China y aumentar a la par el número de personas letradas. Asimismo, consideraba necesario eliminar del currículum de estudio los libros tradicionales y clásicos, en especial los de escuela confuciana, a favor de nuevos materiales didácticos, más aún si pudieran reflejar las ideas republicanas del momento, así como sustituir asignaturas de lecturas de los clásicos por materias relacionadas con el arte, el dibujo y las manualidades; es decir, Cai Yuanpei abogaba por una educación que siempre mirara hacia el futuro, y no se recreara en el pasado.

En lo que a las asignaturas de naturaleza artística se refiere, Cai Yuanpei siempre prestó una especial atención a la formación estética, como se ha visto previamente en sus ideas de cinco tipos de educación. En sus *Propuestas del curso educativo del país* (1912), destacaba la importancia de la educación musical para la formación del individuo. La instrucción artística se volvería, por iniciativa del reformista, en una materia de carácter obligatorio en las escuelas primarias y secundarias, y no optativa como había sido anteriormente. Con esta iniciativa amplió el número de horas de docencia musical, pasando de dos horas a cuatro, y se aumentó el cuerpo de profesores y maestros para suplir esta necesidad. El mismo año 1912 se inauguraría el Colegio Pedagógico de Pekín con un programa educativo de cuatro años, donde las clases de música se incluían como una materia obligatoria (Hu, 2009, p. 109).

En julio del mismo año Cai Yuanpei daría un ciclo de conferencias animando a los profesores e instructores a ser abiertos ante las nuevas propuestas y vías educativas, ensalzando los diferentes y amplios usos de la educación para la nación. Entre otros, subrayó que la educación podría unificar la nación a través de la descentralización del sistema de escuelas y permitiendo que la instrucción llegara a las diversas etnias minoritarias de China. Del mismo modo, señaló el valor de una lengua unificada. Asimismo, de gran importancia fue su énfasis en el menester de desarrollar las diferentes aptitudes y habilidades de los ciudadanos, de manera que no fueran simplemente individuos moldeados para las necesidades del gobierno. Era, por ende, imprescindible que la educación de la estética, música, etc. complementara la educación utilitarista y militar.

Sin embargo, Cai Yuanpei encontró detractores y gente poco afín a sus ideas y planteamientos. Por ejemplo, en sus propuestas para unificar el país, a pesar de ser visto como un nacionalista chino y un defensor del autofortalecimiento, tanto monárquicos como republicanos consideraban que de alguna manera Cai abogaba por debilitar el sentimiento nacional chino. Esto se debe a la postura de Cai Yuanpei, quien creía que China podría favorecerse de las influencias extranjeras para su crecimiento, y que, por el contrario, un sentimiento de «egocentrismo» (etnocentrismo chino), cerrándose la nación en sí misma, no conseguiría ningún objetivo positivo ni a corto, ni a largo plazo.

Por fortuna, otras de sus ideas tuvieron una mejor acogida, como bien fue la de la necesidad de descentralizar la educación y extenderla a las minorías de China, de manera que toda la población del país, sin importar estrato social o grupo étnico, pudiera instruirse y formarse en igualdad de condiciones. También encontraron una respuesta positiva las proposiciones de educación mixta, aunque fuera en los niveles de enseñanza primaria. Muchas otras de las propuestas fueron también aceptadas en el gobierno, aunque no sin diversas variaciones o modificaciones.

También es importante destacar que, por fin, Cai Yuanpei consiguió que se dejara de estudiar los clásicos confucianos en los colegios de niveles primarios y secundarios, un tipo de educación que, si bien intrínsecamente relacionado con parte de la cultura y esencia de la nación, no tenía mayor lugar ni uso pragmático en una nueva China. No obstante, como contraparte a este logro, sin tanto entusiasmo se impulsaban desde el gobierno las ideas de Cai Yuanpei acerca de la educación estética y de cosmovisión, dando mayor peso en general a la educación militar, utilitarista y de virtud cívica, las cuales parecían poder suplir mejor y de manera más inmediata muchas de las necesidades de un país que comenzaba sus primeros pasos para desarrollarse. De hecho, aunque la educación estética fue finalmente aceptada, aquella que englobaba la cosmovisión fue rechazada por el gobierno (Duiker, 1977, p. 48).

Este período en el ministerio de educación fue muy corto para Cai Yuanpei. La causa principal y de mayor peso fue el papel de Yuan Shikai como presidente de la República. Su postura conservadora y moderada chocaba con la de Cai Yuanpei y el resto de sus compañeros de carácter democrático y republicano. Esto llevaría a que ese mismo año Cai, finalmente, dimitiera de su cargo de ministro en forma de protesta.

Estas decisiones no eran simples muestras de rechazo ante el presidente: el propio Yuan Shikai censuraba y limitaba mucho la potestad del primer ministro y del gabinete, acaparando así todo el poder. El desagrado de Cai y otros miembros del nuevo gobierno republicano hacia Yuan era patente, y este sentimiento resultaba ser mutuo por parte del presidente hacia Cai. Incluso tras la muerte de Yuan Shikai en 1916, Cai Yuanpei aún proseguía con las palabras amargas sobre su persona, recordando la carencia de virtud del presidente. Después de todo, para Cai era Yuan «the personification of official ignorance, worship of the emperor, in the Temple of Heaven, and the advocation of the study of the classics in elementary schools» (Duiker, 1977, p. 51); es decir, todo aquello contra lo que Cai Yuanpei quería luchar. Una vez llevada a cabo su dimisión, en cuanto tuvo la oportunidad de regresar a Europa en 1912, Cai aprovechó para volver a Alemania y a Francia, regresando en alguna ocasión a China cuando los debates diplomáticos (y en especial aquellos dedicados a buscar la derogación de Yuan Shikai) requerían de su presencia.

A pesar de la dimisión de Cai Yuanpei como ministro, su programa se mantuvo hasta 1919. Aunque muchas propuestas comenzaron con serias dificultades económicas, otras lograron desarrollarse y prosperar, adaptándose a los nuevos sistemas que surgían, sirviendo así de peldaños o pasos previos para las futuras innovaciones y reformas, permitiendo un proceso de cambio más suave y exitoso. Así, por ejemplo, los comités de evaluación (comités de gestión de universidades), propuestos en 1915, se prolongaron hasta 1930, dando el relevo posteriormente a las propuestas de administración universitaria de Jiang Mengling (1886-1964).

Esta etapa de la vida de Cai Yuanpei podría verse como una de las menos productivas, a pesar de la importancia de su cargo y su lucha política contra Yuan Shikai y todo aquello que representaba. Sin duda, la presencia de este presidente era un obstáculo para Cai, cuyo margen de maniobra para llevar a cabo todos sus planes referentes a la educación acababa siendo pequeño. Aun así, a pesar de todos los contratiempos y el carácter convulso de estos años para China y sus reformistas, no dejó de ser para Cai un período de aprendizaje de gran utilidad. El propio hecho de ser considerado como la persona más idónea para el cargo de ministro demostraba el reconocimiento de la relevancia de este intelectual para sus coetáneos.

Aunque se considera el año 1912 como el inicio del período republicano de China, no es hasta la muerte de Yuan Shikai en 1916 que el país comienza en realidad esta etapa. El nuevo ministro de educación tras la renuncia de Cai Yuanpei, Fan Yuanlian (1872-1927) le envió un telegrama solicitando su regreso de Europa a China, en este caso para ocupar el puesto de rector de la Universidad de Pekín. Sin embargo, Cai Yuanpei no dio su consentimiento de manera inmediata. Fue recomendado y aconsejado por numerosas amistades a no tomar el cargo, ya que se consideraba que la organización y administración del centro estaban muy corrompidas y podría afectar a la buena e intachable reputación de Cai. No obstante, nada de eso amedrentaría el ánimo de este reformista, quien acabaría por aceptar el cargo, el posiblemente mayor reto en su carrera. En sus propias notas biográficas, Cai Yuanpei describe:

> Ese año, Yan Youling estuvo de rector de la Universidad de Pekín, pero dimitió dos años después, pasando el cargo a Ma Xiangbo. No mucho después, Ma también dimitiría, por lo que el director de Ingeniería Hu Sishan haría de intermediario. En el invierno del quinto año de la República yo estaba en Francia, recibí un telegrama del Ministerio de Educación, rogándome regresar a China y ser el rector de la Universidad de Pekín. Regresé, deteniéndome primero en Shanghái, donde muchos amigos me aconsejaron no aceptar el cargo, diciéndome que la Universidad de Pekín estaba demasiado corrupta, que, al entrar, de no poder reformarla, se volvería un obstáculo contra mi propia reputación. (…) Pero también había unos pocos que decían que, puesto que ya conocía su corrupción, entrar podría garantizar reformar, y si fallaba, lo habría hecho lo mejor posible. Al final hice caso de cuanto me dijeron y partí hacia Pekín (Cai, 2012a, p. 98 - trad. de la autora). [8]

Como bien habían advertido sus compañeros, la Universidad de Pekín no estaba en su mejor momento, no tanto por una mala gestión del Ministerio de Educación por sí sólo sino por el complejo contexto sociopolítico en el que se encontraba China. El país se había debilitado económicamente en la Primera Guerra Mundial, en 1914, a causa de los préstamos solicitados por el entonces presidente Yuan Shikai, y las Veintiún Demandas de Japón a China no dejaban a la nación en mejor lugar. Con la muerte de Yuan Shikai y la sucesión del cargo a Li Yuanhong, tampoco quedaba muy claro cuál iba a ser la situación de China, si seguiría una línea de gobierno como la del anterior presidente o si sería una nueva etapa (Hsü, 2000, p. 482). Con la caída y muerte de Yuan comienza además un período duro de caudillos, señores de la guerra

---

[8] 是年，政府住严幼陵君为北京大学校长。两年后，严君辞职，改任马相伯君。马君又辞，奶以工科校长胡次珊君代理。民国五年冬，我在法国，接教育部电，促回国，任北大校长。我回来，初到上海，友人中劝不必就辞的颇多，说北大太腐败，进去了，若不整顿，反于自己的声名有碍。(…)。但也有少数的说，既然知道他腐败，更应进去整顿，就是失败，也算尽了心。我到底服从后说，进北京。(Cai, 2012a, p.98)

y camarillas militares que, mediante la ley marcial, administraban zonas y territorios con mayor poder que el propio gobierno de Pekín, cuya autoridad se ejercía, principalmente, con el enfoque diplomático de relaciones internacionales con las potencias extranjeras, pero con escaso poder real dentro de China. Además, eran evidentes los intereses del gobierno en el negocio de los ferrocarriles e igual de escandalosa era la corrupción y se nombraban los cargos prácticamente a dedo. No es sorpresa, por ende, que la educación estuviera en una situación precaria, incluyendo la Universidad de Pekín, la cual, si bien también pasando este complicado período, logró mantenerse con relativa estabilidad desempeñando un papel muy importante.

Del mismo modo que antes de la instauración de la República había intelectuales que consideraban positivo y útil la aplicación de la enseñanza y conocimientos extranjeros para el desarrollo tecnológico y militar, esta misma situación se repitió con los señores de la guerra, quienes tenían interés en introducir esta clase de saberes, lo cual debió permitir a la Universidad de Pekín mantener cierta autonomía (Lin, 2005, p. 42). No implicaba esto, sin embargo, que tuviera un lugar privilegiado ante los ojos del gobierno, faltando posibles ayudas económicas: «Government corruption led to constant shortage of funding for the university. The situation was not so serious before 1911 because of the relatively small size of the university and the financial contribution from the provinces» (Lin, 2005, pp. 42-43). La escasez de ayudas y subvenciones del estado, el desembolso por el alojamiento y comida para los estudiantes que salía de las arcas de la universidad, el pago al profesorado y el mantenimiento de las instalaciones eran motivos por los que la institución gastara mucho más dinero del que entraba. Fue una crisis larga, desde 1910 hasta 1930, con una extensa historia de mala administración, pésimas gestiones económicas y un cambio constante de rectores que renunciaron al cargo.

Sin embargo, Cai Yuanpei lo tomó como un reto. Encargó al intelectual y escritor Lu Xun (1881-1936) el diseño del logo del centro, y aplicó a la Universidad de Pekín diversos apartados de sus proyectos innovadores, algunos de los cuales llegara a presentar en diferentes congresos y foros de debate sobre el estado de la enseñanza. Estas ideas y propuestas incluían ambiciosas reformas: redistribución y organización de distintos campos académicos, la eliminación de otras por optimización de recursos académicos, o la reforma de la enseñanza preparatoria, la cual surgía a partir de la incoherencia entre los contenidos de los cursos universitarios y los contenidos de la etapa preparatoria, etc. (Hu, 2011, p. 155).

Cai dejó patente nada más tomar posesión del cargo de rector que su principal objetivo sería darle a la universidad la importancia que merecía, convirtiéndola en la institución más importante de la enseñanza y la formación académica de China. En su primer día en la universidad, dio un emotivo discurso en el acto de bienvenida, donde aprovechó para exponer los distintos puntos claves relacionados con el desarrollo del centro. Fue una auténtica declaración de intenciones en la que Cai dejó patentes las medidas necesarias para transformar la universidad. Esto daría paso a un periodo de cambios y reformas significativas llevadas a cabo por Cai Yuanpei, quien daría los primeros pasos para convertir a la Universidad en el centro académico e intelectual que aún hoy día goza de prestigio y reconocimiento.

VIII. LAS REFORMAS EN LA UNIVERSIDAD DE PEKÍN

Tal como se ha descrito anteriormente, la Universidad de Pekín y su administración, lejos de amedrentar a Cai Yuanpei, supuso para él un fascinante reto en su carrera en el campo de la educación y la enseñanza. Evidentemente, había una casi innumerable lista de contratiempos y obstáculos a los que enfrentarse, pero haciendo honor a su carácter intelectual y reformista, esto le supuso una serie desafíos a los que Cai se enfrentó.

Cabe recordar que, en los difíciles inicios de la Universidad de Pekín, ésta había sido más bien una suerte de espacio seguro para aquellos interesados en la enseñanza y educación occidental; sin embargo, se había transformado en un centro donde no se fomentaban el espíritu de investigación ni la innovación didáctica, no muy distinto a una productora de personas con conocimientos utilitaristas. Cai Yuanpei, como el humanista apasionado que era, quería ante todo evitar esta mentalidad, pues, como bien había explicado con su teoría de las cinco educaciones, el modelo que se presentaba en la actualidad fallaba en desarrollar la totalidad de talentos y facultades de los estudiantes, en pos de una educación más pragmática, militarista y utilitarista. Para Cai era importante que este centro pudiera mejorar el sentimiento moral de los ciudadanos chinos. Así se dirigió Cai al alumnado de manera directa y concisa, definiendo los objetivos y obligaciones de los estudiantes, en un mensaje que dividió en tres apartados.

> El primer objetivo, damas y caballeros, es que habéis venido a estudiar, así que debéis tener claras vuestras metas. Sin importar si la naturaleza de esos objetivos es correcta o no, la esencia de la Universidad debe de ser entendida. Las personas de hoy en día que estudian en escuelas especializadas acaban contratadas sin importar el qué. Pero en la Universidad no es así, los estudiantes os cultiváis en estudios superiores (...). Los estudiantes se aplican en los estudios, cada uno de ellos viene con la intención de ganar mucho dinero asumiendo un cargo político, por lo que muchos graduados entran a la Facultad de Leyes, siendo los que entran a los programas de Literatura muy pocos, y los que entran a los programas de Ciencias son especialmente menos, todo porque el programa de Leyes es un atajo hacia los cargos políticos. Por ello, damas y caballeros, hay que ser firme con los objetivos en lo que a estudios se refiere; un estudiante de Leyes no se alista para convertirse en un oficial; un estudiante de Empresariales no se alista para volverse rico. Establecidos los objetivos, el camino se hace sólo (...). Por ello, el objetivo no puede ser pequeño. Esto es lo primero que espero de ustedes (Cai, 2012b, pp. 295-296 - trad. de la autora).[9]

---

[9] 一曰抱宗旨诸君来此求学，必有一定宗旨，欲求宗旨之正大与否，必先知大学之性质。今人肄业专门学校，学成任事，此固势所必然。而在大学则不然，大学者，样酒高深学问这也。（...）入法克者，非为做官；入商科者，非为致富。宗旨既定，自趋正轨。（...）故宗旨不可以不正大。此余所希望于诸君者一也。（Cai, 2012b, pp. 295-296).

En este primer punto Cai Yuanpei criticaba las ambiciones de los alumnos con las vistas puestas a conseguir un puesto de trabajo prestigioso y bien remunerado en un sistema educativo nuevo, aunque sin alejarse de los propósitos de los estudiantes precedentes del modelo tradicional de exámenes y contenidos clásicos. El deseo de los estudiantes seguía residiendo en aprobar para garantizar buen porvenir, no en formarse, a pesar de que se había planteado la nueva educación e instrucción con un nuevo enfoque pedagógico. Este modo de pensar preocupaba a Cai por varias razones, primero porque el rector estaba en desacuerdo con la idea de que la universidad se convirtiera en un centro sin fundamento intelectual, en un simple lugar de formación de trabajadores y, por otra parte, porque rechazaba la percepción materialista de los alumnos, que chocaban con sus propios ideales. Por ello, en su discurso Cai consideró oportuno dejar claro este primer objetivo para advertir y motivar a sus alumnos para que, bajo su supervisión como rector, la Universidad no sería un medio para atajar y conseguir el poder, sino un ambiente intelectualmente enriquecedor.

El siguiente punto al que hizo alusión en su discurso se refería directamente al comportamiento personal y carencia de moral de los estudiantes:

> El segundo objetivo es motivar la conducta moral (…). La moral está perdida (hoy en día). Todos los que asistís a la Universidad sois capaces de comportaros correctamente y de respetaros a vosotros mismos. (…) Por ello, es necesario tener a personas destacables, ser un buen ejemplo y corregir nuestros errores. Damas y caballeros, sois estudiantes universitarios de alto estatus, por lo que no deberíais únicamente pensar en manteneros virtuosos para satisfaceros a vosotros mismos, pues debe de haber también fomento a otras personas (…) Con la cabeza agachada en vuestro estudio, con numerosas dificultades, con la ausencia de entretenimientos, acabaréis por hacer daño a vuestra salud. Por vuestro bien, es correcto que participéis en entretenimientos correctos y no participéis en aquellos amorales. Algunas actividades morales no son perjudiciales y son beneficiosas para vuestra salud. Cuando entréis a estudiar (vuestras perspectivas carreras) anotaréis en el libro (de acuerdos universitarios) que estaréis conformes con seguir las normas del centro. Por ello, no podemos no ser rectos y cuidadosos. Esto es lo segundo que espero de ustedes (Cai, 2012b, p. 296- trad. de la autora).[10]

Así, del mismo modo que Cai Yuanpei abogaba por un espíritu académico, esperaba que los estudiantes pudieran convivir haciendo uso de un correcto comportamiento moral y ético entre ellos, con los profesores y trabajadores y, en especial, consigo mismos. Cai comprendía la presión a la que los estudiantes habían estado sometidos con el sistema tradicional y clásico de enseñanza, y entendía la necesidad del

---

[10]　二曰砥砺德行。(…) 道德沦丧，诸君肄业大学，当能束身自爱。(…)故必有卓绝之士，以身作则，力矫颓俗，诸君为大学学生，地位甚高，(…)故诸君不惟思所以感已，更必有以励人。(…) 然诸君终日伏首案前，芸芸攻苦，毫无娱乐之事，必感身体上之苦痛。为诸君计，莫如以正当之娱乐，易不正当之娱乐庶几道德无亏，而于身体有益诸君入分科时，曾填写愿书，遵守本校规则，故品行不可以不谨严。此余所希望于诸君者二也 (Cai, 2012b, p. 296)。

descanso y tiempo de calidad para con uno mismo, de manera que pudieran retomarse posteriormente los estudios, con nuevas fuerzas y ánimos. Sin embargo, las actividades para relajar y desconectar la mente no podían ser de cualquier tipo: todas aquellas que pudieran resultar nocivas para los otros compañeros o profesores o incluso a la misma institución serían severamente criticadas (tales como pudieran ser apuestas, consumo de drogas y otras actividades perjudiciales).

Por su parte, Cai Yuanpei propuso clubs de arte, ciencias políticas, periodismo, música, etc. para que los estudiantes pudieran participar en ellos, debatir fuera de las aulas y, a la vez, estrechar lazos y establecer relaciones con sus compañeros, de manera que poco a poco, en lugar de individuos independientes que estudiaran solamente en pos de un futuro trabajo, se pudiera crear un foco de intelectuales. De nuevo, recordamos aquí que Cai Yuanpei veía la educación estrechamente relacionada con la moral y la ética, pues no podía existir una nación desarrollada sin un desarrollo ético, y de aquí la importancia del segundo punto que destacó en su discurso.

En su discurso el rector también subrayó la importancia de buenas y respetuosas relaciones interpersonales:

> El tercer objetivo es que respetéis y améis a vuestros profesores y amigos. Las enseñanzas de vuestros profesores, el trabajo de los administradores, todo convenientemente para ayudaros en vuestros objetivos, ¿seríais capaces de mostrar indiferencia? Por ello, naturalmente hay que tratarlos con sinceridad y ser muy educados y respetuosos con ellos; en cuanto a los compañeros viviendo juntos, debéis de respetaros sinceramente entre vosotros. Así podréis aprender el uno del otro, no sólo siendo francos y sinceros, sino también fomentando la moral entre vosotros; juntos en la misma Universidad, compartimos la reputación y la vergüenza. (…) La gente ordinaria se comporta así ¿qué hay entonces de los alumnos de la Universidad? Tratad a vuestros profesores y amigos con respeto, esto es lo que espero de ustedes (Cai, 2012b, pp. 296-297 - trad. de la autora).[11]

Como puede comprobarse, Cai Yuanpei buscaba que la Universidad de Pekín fuera el centro neurálgico de creación de futuros intelectuales de China y que abarcara diferentes aspectos éticos, educativos y filosóficos, diferenciando así la institución del lugar que era antes a su llegada y siendo como había sido concebida en un principio. Aquí entraba también en juego la reorganización interna de la Universidad, en donde Cai propuso un nuevo modelo administrativo más eficaz y democrático:

> He gradually streamlined the administration to permit self-regulation for the students. A legislative body of deans was organized to help direct the institution. A faculty assembly was also established to recommend curriculum changes. The revised

---

[11] 三曰敬爱师友。教员之教授，职员之任务，皆以图诸君求学便利，诸君能无动于衷乎？自应以 诚相待，敬礼有加。至于同学共处一室，尤应互相亲爱，庶可收切磋之效。不惟开诚布公，更宜 道义相勖，盖同处此校，毁誉共之。(…) 常人如此，况堂堂大学生乎？对于师友之敬爱，此余所 希望于诸君者三也。(Cai, 2012b, pp. 296-297).

curriculum stressed the dual nature of Arts and Sciences and encouraged a spirit of learning and research. To build an interest in scholarship, T'sai set up research institutes in the natural and social sciences, and organized speaking clubs in which music, art, journalism, and political science were discussed (Duiker, 1977, p. 54).

A medida que avanzaban los años del Movimiento de la Nueva Cultura en China, es de suponer que Cai Yuanpei dejó una gran impronta de sus ideales en su labor como rector. Y es aquí donde, usando de referente la Universidad de Berlín, Cai prosiguió en su labor de reformas e innovaciones.

Para empezar, Cai Yuanpei retomó las reformas universitarias anteriores, ya recopiladas en el *Decreto Universitario* de 1912 emitido por el Ministerio de Educación, mediante el cual todas las especialidades serían separadas y divididas en siete campos: ciencias naturales, ciencias jurídicas, ciencias económicas, ciencias agrícolas, ciencias industriales, humanidades y medicina, mientras que se eliminó el Sistema Educativo Guimao y las asignaturas de contenido religioso. Aunque en 1913 el Ministerio de Educación publicó las *Regulaciones Universitarias* que confirmaban estos cambios, no pudieron ponerse en práctica hasta la llegada de Cai Yuanpei debido a los problemas económicos de la Universidad. Siendo Cai consciente de la necesidad de la redistribución de recursos económicos, propuso eliminar el perfil industrial de las asignaturas, derivando, asimismo, estas enseñanzas y las de ciencias económicas a otra Universidad, en este caso la de Bei' an, mientras que la Universidad de Pekín se centraría más en los estudios de derecho. Así, con estos recursos ahorrados, debería de poderse preservar e incluso fortalecer las ramas de las ciencias naturales, al menos de momento y antes de, quizás, lograr recuperar esas asignaturas de económicas en un futuro, o bien pasarlas a centros especializados de enseñanza superior creadas para tal propósito (Hu, 2011, p. 156).

La redistribución de las materias tenía también otra razón: imitando el sistema universitario alemán, Cai Yuanpei consideraba que una universidad debía contar de manera obligatoria con cuatro campos de conocimiento: medicina, derecho, filosofía y teología, y dejaba excluidos los industriales y económicos. Los ámbitos de humanidades y ciencias naturales debían ser el corazón de la Universidad, siguiendo el trasfondo filosófico de la universidad clásica alemana. A partir de este modelo, las asignaturas a estudiar seguirían todas un perfil filosófico, histórico y filológico, si bien también podrían incluirse las materias de ciencias naturales y matemáticas. Es así como en 1914 se matricularon los primeros estudiantes de filosofía (Kiseliov, 2017, p. 27), mientras que un año después, en 1915, se creó el área de filosofía occidental, convirtiéndose la Universidad de Pekín, tal como deseaba Cai Yuanpei, en «la única institución educativa en China donde se suponía la existencia de tres departamentos de filosofía: la china, la occidental y la india» (Feng, 1998, p. 347), siendo así la universidad una auténtica pionera en el estudio de la filosofía.

Sin embargo, en la separación de materias y campos, surgió una primera contradicción:

Resultó que los alumnos que estudian humanidades no necesitan conocimientos de ciencias naturales, y que los alumnos que estudian ciencias naturales no necesitan obtener conocimientos filosóficos, ya que la base de la cosmovisión de los especialistas en ciencias naturales es el conocimiento exacto y concreto. Todo esto debería llevar a un estrechamiento de los perfiles estudiados, y los estudiantes en el futuro se convertirían en especialistas de perfil específico. Al mismo tiempo, es imposible incluir fácilmente disciplinas tales como geografía, antropología, psicología, fundamentos del conocimiento evolutivo y otras en las dos áreas mencionadas anteriormente, porque, a pesar de las diferencias, tienen mucho en común (Hu, 2011, p. 156 - trad. de la autora).

Ante este panorama Cai concluyó que lo mejor que podía hacerse en lugar de una separación era fortalecer las interrelaciones entre las diferentes disciplinas. Su solución fue el traspaso al sistema de facultades con la creación de catorce en la Universidad de Pekín, las cuales estaban bajo la dirección y mando de sus correspondientes decanos. Posterior a esta organización Cai Yuanpei introdujo el método de evaluación basado en el «score-rating», cuya base radica en la evaluación del éxito y calidad de los conocimientos obtenidos por medio de una serie de indicadores. El estudiante, aparte de una prueba final, ganaba puntos por su trabajo en clase, la asistencia, el esfuerzo (evaluación continua), participación en seminarios, tareas, etc., y si no llegaba a una nota mínima determinada, se consideraba que no había logrado aprobar la asignatura (Krivtsova, 2014). Este sistema de «score-rating» además «otorgó a los estudiantes el derecho a elegir libremente una facultad o varias disciplinas, lo que también contribuyó a la expansión de sus horizontes» (Hu, 2011, p. 157- trad. de la autora).

Posterior a la reorganización en 1920, la Universidad de Pekín envió un informe sobre estas medidas al Ministerio de Educación, y en el apartado de *Sistema de enseñanza* se definía y perfilaba el curso completo de cinco áreas, que se dividían de la siguiente forma: la primera rama comprendía las facultades de economía, matemáticas, física y astronomía; la segunda, las facultades de biología, química y geografía; la tercera contaba con las facultades de filosofía, pedagogía y psicología; la cuarta abarcaba las facultades de literatura china, francesa, inglesa y rusa, y la quinta y última incluía las facultades de derecho, ciencias económicas, historia y política. Sólo cinco años después, en 1925, Cai escribiría el artículo *Conceptos de la educación superior moderna china y las tendencias de su desarrollo*, en el cual explicaba y desarrollaba la lógica de tal organización, pero también anotaba que había margen para añadir nuevas divisiones y ampliar el catálogo de áreas a enseñar.

La idea que tenía Cai Yuanpei seguía el modelo de los *colleges*, organización que se aprobaría ya en 1931:

Al estar influenciado por las ideas de esa época, cuyo rasgo característico era el desarrollo de la estrecha especialización en instituciones de educación superior de China, Cai Yuanpei, hablando, del sistema de facultades, tenía en mente el sistema de los *colleges* de las universidades estadounidenses (Hu, 2011, p. 158 - trad. de la autora).

En su futura aprobación, ya incluso cuando Cai Yuanpei hubiera abandonado el cargo de rector, supondría en 1932 la creación de tres institutos, uno de humanidades, uno de ciencias naturales y un último de derecho, llegando así al punto en que «la Universidad de Pekín terminó el traspaso del sistema «universidad-especialidad-disciplina» al sistema «universidad-instituto-facultad», que por su forma coincidía completamente con el sistema norteamericano de enseñanza superior» (Hu, 2011, p. 159 - trad. de la autora).

Otro importante aspecto de las reformas en la Universidad de Pekín bajo la administración de Cai Yuanpei como rector fue la evolución del carácter democrático de la institución. Ya como Ministro de Educación Cai Yuanpei había abogado por un sistema educativo que fomentara la cooperación entre los alumnos y que se formara a éstos como individuos independientes y de provecho para un nuevo estado, y no como meros receptores de los conocimientos: en su ideal, los estudiantes eran partícipes de manera activa en las decisiones y actividades del centro. Aunque la democracia no era un concepto novedoso en China, sí resultaba difícil para el gran grueso de la sociedad entender en su totalidad el significado de ésta tras siglos de poder absoluto por parte del imperio. Cai Yuanpei, como revolucionario y reformista que había sido, consideraba la democracia como el siguiente paso natural para la nación china, aunque era también consciente de que para alcanzar tal meta era necesario ante todo comprender el propio concepto de la democracia, en especial porque había llegado a China como una vía de fortalecimiento nacional más que como una forma de promover la libertad personal:

> Although there was a feverish interest in democracy, and progressive journals contained articles which praised the democratic heritage of the West, the unifying and «state-strengthening» qualities of democracy had truly appealed to many Chinese, more than its capacity to promote individual freedom (Duiker, 1977, p. 57).

Cai Yuanpei no fue el único intelectual en desarrollar las nociones de la democracia y la libertad individual. El escritor Hu Shi (1891-1962), discípulo del pedagogo John Dewey, fue de hecho de los primeros en el Movimiento de la Nueva Cultura en introducir estas ideas y modelos para la construcción de esta nueva democracia en China. Es importante destacar que tanto John Dewey como Hu Shi y Cai Yuanpei explicaron que esta idea de democracia e individuo no trataba de una libertad total y sin control de la persona (habría unas necesarias pautas de comportamiento para una hegemonía social), sino que se referían a la necesidad del individuo a convivir en comunidad, y debía de buscarse una forma en que ambas partes (sociedad - individuo) pudieran tener la misma importancia, sin dejar de enfatizar los derechos individuales y las acciones voluntarias. Estos dos conceptos fueron importantes en el Movimiento de la Nueva Cultura, convirtiéndose en pilares de las metas a alcanzar, cuya enseñanza se incitaba no sólo en los ámbitos políticos y gubernamentales, sino también en el social. Como bien señala Duiker, la democracia debía de ser una parte activa en los hogares, en la sociedad y, por ende, también debía de serlo en las escuelas y universidades (1977, p. 58).

En la Universidad de Pekín, Cai Yuanpei tuvo mayores oportunidades de implantar esta educación democrática, dado que, si bien intentó hacer lo mismo como ministro, su corto periodo en este cargo no le permitió llevar a cabo sus propuestas. Como rector en la Universidad, implementó una serie de cambios para promover la autonomía de la institución, siempre haciendo énfasis en la importancia del individuo en la sociedad dentro de los límites de la educación democrática. Algunas de las bases de este tipo de educación era el desarrollo del individuo y su máximo rendimiento, así como sus derechos personales. Después, todos estos individuos pasarían a formar parte de la nueva sociedad, formándose también mutuamente entre ellos. En definitiva, para Cai Yuanpei el progreso general de la sociedad y de la nación se lograría no con la formación de las masas de manera hegemónica y automatizada, sino con la formación del individuo y desarrollo de sus aptitudes:

> Ts'ai belief in individual freedom was supplemented by an emotional commitment to the progress of society as a whole, and the moral obligation of the individual to place the community's need above his own. Individual freedom, in his eyes, was tied to a higher duty-the voluntary obligation to serve the needs of society (Duiker, 1977, p. 58).

De aquí que Cai esperaba que con esta formación se pudiera instruir a los futuros líderes intelectuales, los cuales a su vez educarían a las posteriores generaciones de la nación.

Resulta necesario resaltar el concepto de la «obligación voluntaria» introducido por Cai Yuanpei, la cual podría parecer contradictoria. Sin embargo, este concepto surge de la idea de que, en los próximos años, el voluntariado y la acción para con la comunidad y sociedad no sería impuesta por nadie, sino por el propio deseo del individuo de mantener el estado sin estar bajo la presión y coerción de la sociedad. No era extraño que ambos polos (obligación - voluntario) chocaran en ocasiones, y Cai tenía dificultades en que sus contemporáneos comprendieran su visión de reconciliación entre ambos conceptos. Después de todo, la formación de este individuo que se prestara a ser partícipe en la sociedad para su desarrollo se apoyaba mucho en las bases de la educación occidental, a la vez que en la confuciana. Del primer modelo educativo (occidental), Cai sacó la idea del individualismo y el desarrollo personal y de aptitudes, mientras que del segundo (confuciano) extrajo el planteamiento de la formación del individuo por su propia iniciativa de mejora (el estudio autodidáctico) y su servicio a la comunidad por su cuenta, siendo tal vez este segundo punto el que lo separaba y diferenciaba de las ideas de Hu Shi y Cai, dado que el último prestaba atención especial al desarrollo de esta sociedad (Duiker, 1977, p. 59).

No tardaron en llegar críticas al respecto de esta idea, ya bien porque Cai Yuanpei no era completamente consciente del impacto tan utópico de sus objetivos. Sin duda, su mayor obstáculo para este tipo de enseñanza radicaba en el hecho de que era muy complicado implementarlo exitosamente en las personas, y la «armonía de intereses» (Duiker, 1977, p. 59) era un sueño irreal. Cai ya había expresado en su discurso de la ceremonia de apertura de la Universidad que resultaba necesario que los estudiantes se aplicaran en pos de su propia cultivación académica, pero la verdad es que muchísimos de los alumnos seguían persiguiendo las mismas metas pragmáticas de un buen trabajo tras una buena formación.

También es importante señalar que el resto de la sociedad (un amplio grueso de ésta, por no decir casi toda su totalidad) tampoco podía acceder a este tipo de educación y filosofía, por lo que no podían alcanzar este estatus que Cai Yuanpei buscaba. La mayoría de la población, que no había tenido acceso ni a la más básica de las educaciones, seguía siendo supersticiosa y desconfiada ante lo nuevo, pensamientos que transmitían a las siguientes generaciones, provocando de esta manera que la brecha entre la ignorancia y la educación no disminuyera. Es necesario también recordar que cuando Cai volvió de su estancia en el extranjero, en China se vivió un periodo muy inestable en el ámbito político, principalmente por las intervenciones de los señores de la guerra, quienes tenían un escaso interés en el desarrollo de la educación ética, los derechos y las libertades personales, y siendo mucho más interesados en los avances tecnológicos y militares. Sin embargo, a pesar de las dificultades y obstáculos, el progreso de la educación democrática no dejó de ser uno de los objetivos principales de Cai Yuanpei, quien continuaría con su labor para construir y moldear la Universidad que anhelaba.

IX. La cuestión de la reforma de la lengua

El clima político del momento, una nación tan anquilosada en una tradición, el lento desarrollo de la mentalidad hacia el progreso y las diferentes complicaciones económicas no eran los únicos contratiempos a los que se enfrentaba China en su camino a convertirse en un país moderno. La lengua, tanto hablada como escrita, suponía un problema por diversas causas. Por una parte, la escritura Han contaba con una enorme cantidad de caracteres chinos a memorizar y aprender, además de presentar numerosísimos trazos para palabras de uso cotidiano. La entrada de palabras nuevas (principalmente extranjerismos y neologismos) era un proceso lento que obstaculizaba el desarrollo de este lenguaje especializado y moderno en distintos campos y ámbitos de conocimiento. La lengua escrita Han además era solamente una más de las que coexistían en China junto a otras cuatro (manchú, tibetano, mongol y árabe, correspondiente a las otras etnias principales del país en el siglo XIX), por lo que la descentralización lingüística era una realidad. De este modo, mientras que en algunos centros se enseñaba el mandarín (chino), fuera de estos colegios la gente hablaba en diferentes dialectos; mientras que unos habían pasado parte de su vida aprendiendo la lengua escrita manchú, otros usaban los caracteres Han.

Con la lengua hablada también surgían problemas. El peso tradicional e histórico de la lengua, partiendo de sus orígenes y evolución sin especial influencia extranjera, así como la brecha entre el sistema de escritura y expresión fónica, tonal y oral hacía que la reforma del idioma fuera una tarea de gran complejidad. Únicamente la combinación entre la dificultad de la escritura y su lectura era un reto, dado que:

> (...) the phonetic and written parts of the Chinese were not related and there were
> no clearly established rules to guide an understanding of word pronunciation. Phonetics
> was studied not for pronunciation but to achieve a better understanding of the ancient
> classics by clarifying the original meaning of words in these texts. (...) many written
> characters were used to signify multiple meanings with identical pronunciation (Lin,
> 2005, p. 109).

Cabe destacar que fueron los extranjeros que llegaron a China quienes demostraron mayor interés en hacer compilaciones y clasificaciones de los sistemas fonéticos chinos, intentando aprender el idioma para comunicarse (principalmente de mano de los misioneros jesuitas), mientras que los estudios de los propios chinos estaban más centrados en la longitud de los versos y las rimas. Además, la amplia extensión territorial de China hacía que las lenguas fueran muy diferentes de una región a otra, de manera que la diversidad de los dialectos volvía a dificultar una comunicación entre todos los habitantes del país.

Lin Baishui (1874-1926), pionero del periodismo moderno chino y compañero intelectual y reformista de Cai Yuanpei, tenía la siguiente visión de la cuestión de la lengua:

> (...) in China we do no either distinguish between ancient written language and
> national written language nor do we have letters and phonographic writing. Our chaotic
> script itself is not easy to understand. And moreover, spoken and writing languages are
> so very different that one has to learn speaking and writing separately. No wonder that
> our esteemed brothers cannot spend so much time on studying (Kaske, 2008, p. 208).

De hecho, no sería hasta finales del siglo XIX cuando volvería a tratarse el asunto de la lengua para intentar encontrar una solución que satisficiera a todos, así como fuera de fácil comprensión para la población y aceptada sin especial recelo o reticencia. Sin duda, había tanto detractores como voces a favor, lo que dificultaba el debate. Los primeros defendían la lengua desde una base más dogmática y doctrinal que pragmática; el cambio y transformación de la lengua equivaldría a lo incorrecto, al caos e incluso a la corrupción. Esta postura era especialmente defendida por las clases de élite y educadas, las cuales ya se beneficiaban de sus conocimientos y veían a todo cambio sobre el idioma como una amenaza para ellos, no tanto porque la reforma pudiera beneficiar a la población menos preparada, sino porque esta nueva lengua podría traer ideas nuevas a las juventudes (Kaske, 2008, p. 203-204).

Cai Yuanpei ya había considerado introducir algunos cambios en el idioma incluso antes de ser ministro. Así, por ejemplo, había experimentado siendo editor de periódicos, a seleccionar minuciosamente el lenguaje y vocabulario dependiendo del perfil de lector (Kaske, 2008, p. 206). Sin embargo, Cai seguía mostrándose algo contrario y tenía sus reservas sobre la lengua vernácula. No olvidemos que, después de todo, se había educado con el modelo tradicional y había sido un excelente alumno en ese sistema. No era especialmente optimista con la idea del cambio de la lengua vernácula, ya que, para comenzar, ésta seguiría diferenciándose en su uso en los distintos estratos sociales: la alta sociedad, letrada y educada, continuaría escribiendo en lengua clásica, mientras que la vernácula quedaba destinada para la producción literaria de novelas, las obras de teatro y la propaganda, dirigida a una clase social más humilde.

Sin embargo, la idea de Cai consistía en que toda la población china pudiera comunicarse, escribir y leer sin distinción de origen o clase social: era un acérrimo defensor del esperanto[12]. Lengua artificial creada por Zamenhof, sí contaba con un alfabeto, lo que haría su aprendizaje y difusión mucho más sencillo y rápido que la larga lista de caracteres y la memorización de la pronunciación de cada uno. Además, siendo un idioma internacional, conectaría los diferentes países, un deseo que Cai tenía. Al contrario de sus propuestas, el resto de los intelectuales coetáneos a Cai Yuanpei estaban más interesados en mantener su ancestral lengua y reformarla que adquirir y adaptar una nueva. Es así como Cai Yuanpei, poco a poco, iría aceptando este planteamiento de reforma de la lengua, empezando primero con su apoyo al «estilo de nueva prosa» de Liang Qichao, el cual estaba destinado a la propaganda política (Kaske, 2008, p. 203).

Otro reformista del momento, Chen Tianhua (1875-1905), establecería los primeros pilares de la reforma de la lengua, y fue el precursor al comenzar a escribir en lengua vernácula una serie de tratados de carácter revolucionario. Como señala Kaske «the result was a rhetorical style that was perfectly suited to be declaimed in public and arose the feelings of the auditory» (2008, p. 166).

Cai no consideraba ni realista ni conveniente implantar a la fuerza el esperanto, así que aceptó el proceso de reformas de la lengua china como paso previo a enseñar posteriormente a la población aquella lengua artificial y utópica, en un plazo calculado de aproximadamente tres meses (Benton, 2011, p. 96). Aun así, siendo consciente del peso de la lengua nacional por encima del esperanto, Cai sabía que no era sabio oponerse a la lengua vernácula y su transformación, menos aún en la propia Universidad de Pekín. Es así como contrató a Hu Shi como profesor en el centro, fomentando de esta manera el uso y aplicación del *baihua* y su léxico vernacular en los escritos y en los estudios. De hecho, es muy probable que la entrada de Hu Shi a la Universidad de Pekín, apoyada por Cai Yuanpei, fuera el paso crucial para la lengua vernácula china, dado que poder gestarse en el seno de la institución académica más importante del país fue sin duda beneficioso para la aceptación del estilo *baihua*.[13]

Desde luego, Hu Shi puede ser considerado como uno de los más importantes impulsores de la lengua vernácula china. Comparó el Renacimiento clásico europeo con la adaptación a la lengua vernácula china, representando grandes pasos entre el mundo clásico y el moderno. Consciente del problema de la existencia de la lengua clásica, presentó una serie de ideas para la reforma de la lengua escrita, publicadas en 1917 en la revista *Nueva Juventud:*

[12] Véase para más detalle Magdalena Mironesko (2020a).
[13] Véase Magdalena Mironesko (2020b).

1. Lo que se escribe ha de tener sentido: 曰须言之有物。
2. No imitar a los antiguos: 曰不摹仿古人。
3. Prestar atención a las reglas gramaticales: 曰须讲求文法。
4. No admitir el estilo afectivo: 曰不作无病之呻吟。
5. No utilizar palabras y frases estereotipadas: 曰务去烂调套语。
6. No emplear alusiones literarias: 曰不用典。
7. No dar importancia a la antítesis: 曰不讲对仗。
8. No eludir giros ni expresiones coloquiales: 曰不避俗字俗语。　(Martín Ríos, 2012, p. 345).

Hu Shi justificaba estas normas con la necesidad y urgencia de tener una lengua que fuera moderna y no anquilosada en un estilo clásico, a la par que no estuviera vacía de contenidos. Como bien señalaba, las lenguas de los otros países habían evolucionado y cambiado, y era imprescindible que la lengua china lo hiciera también. Es obvio que el interés de Hu Shi por la transformación del idioma residía más en sus deseos de favorecer el desarrollo literario moderno chino, en especial en el campo de la novela, pero también como medio de transmisión de propaganda, educación y progreso:

> Quieren un nuevo idioma, una nueva literatura, un nuevo concepto de la vida y de la sociedad, una nueva educación. Quieren un nuevo idioma, no sólo como instrumento efectivo de educación popular, sino también como vehículo para el desenvolvimiento de la literatura de una nueva China. Quieren una literatura escrita en el lenguaje vivo de un pueblo vivo, capaz de expresar los sentimientos reales, los pensamientos, las inspiraciones y aspiraciones de una nación en crecimiento (Martín Ríos, 2012, pp. 345-346).

Si bien Cai Yuanpei y Hu Shi no compartían algunas posturas, sí coincidían en otras. Ambos se daban cuenta de la dificultad elevada que suponía la lengua clásica actual para aprender, memorizar y replicar, un método anticuado que resultaba un obstáculo en la educación. También estaban de acuerdo en la idea de la nueva educación, de ahí que, a pesar de tener planteamientos distintos, pudieran cooperar dentro de la Universidad de Pekín y aceptar que se enseñaran e impartieran materias diferentes, con profesores de diversas opiniones desde detractores de la lengua vernácula hasta fieros defensores de la misma. Fue de hecho así, primero como defensor de pluralismo, diversidad y de debate, como Cai acabaría siendo cada vez más partidario de la idea de la nueva lengua, encontrando la necesidad de implantarla:

> First, it was the contemporary language, and he felt that the news ideas should be expressed through contemporary means. If the literary language - the language of the ancients - was used to express modern ideas, then a certain amount of time would be lost in translation, and for not good purpose (Duiker, 1977, pp. 262-63).

Por otro lado, relacionado directamente con el tiempo de estudio de la lengua clásica en comparación con el *baihua*:

(Secondly) our ancestors had no other courses to study than the national language. From age six to 20, all than one wrote and read was the language of the ancients, so it was easy to learn. Now there is much science that needs to be studied, and if we do not cut down on the time needed to study the national language, how will we manage? Besides, in the past only a small minority learned to read, and in their environment if they wasted a little time, what difference did it make? Today we want all the people to be able to read and write, so how can ask them to waste time? (Duiker, 1977, p. 63).

En este punto, Cai hacía hincapié en la necesidad de ahorrar tiempo para aprender a escribir y leer, en especial en un periodo cuando entraban tantísimos conocimientos extranjeros, hasta entonces poco extendidos en los ámbitos académicos chinos, dominados en su mayoría tradicionalmente por los contenidos clásicos. Cabe destacar, de nuevo, que el porcentaje de gente letrada era muy pequeño, y si ahora se añadía la dificultad de expresar conceptos nuevos antes no existentes, sólo se aumentaba la duración de aprendizaje, un tiempo muy valioso que China no podía permitirse desperdiciar.

Cai tomó de referencia el periodo del Renacimiento europeo, en el cual las lenguas consideradas «vulgares» (locales) comenzaron a ganar fuerza y uso por encima del latín culto: una comparación que Cai fácilmente podía trasladar a la lengua *baihua* y a la lengua clásica china. La lengua china debía de convertirse en una más flexible, más moderna y más sencilla para escribir y leer, de modo que favoreciera al desarrollo intelectual y académico no sólo de un pequeño estrato social, sino de la población completa, así como pudiera expandir las nuevas ideas del nuevo siglo. De este modo, Cai escribiría en ambos estilos, estableciendo la lengua clásica en su propio espacio de la poesía y el arte, y la lengua vernácula para la comunicación diaria.

Es así como, en definitiva, empiezan las primeras victorias de la lengua vernácula por encima de la lengua clásica tradicional. Escritores e intelectuales como Lu Xun, seguidores de Hu Shi, crearían escuelas de nuevos estilos literarios. También en 1919, durante el Movimiento del 4 de Mayo muchas revistas cambiaron su estilo de lenguaje, dejando de lado el estilo clásico a favor del vernacular *baihua*, y sólo un año después el Ministerio de Educación anunciaría esta lengua como la oficial para enseñar en todos los colegios de enseñanza primaria de China. Lu Xun incluso quiso dar un paso más allá y apostaba (igual que Cai Yuanpei con su idea del esperanto) por un sistema alfabetizado para el país.

Finalmente, como comprobamos hoy en día, la evolución de la lengua, pasando del sistema clásico y culto a través del proceso de adopción de la lengua vulgar y vernácula, fue el primer y gran paso para que la educación fuera más accesible a toda la sociedad, y aquí hay que apreciar la flexibilidad de planteamientos y opiniones de Cai Yuanpei al comprender lo favorable de estos cambios, por encima de sus propias ideas utópicas de esperanto. Bien es cierto que el proceso de simplificación de la escritura tardaría aún varias décadas (1955, mediante el Comité de Reforma de la Escritura China); sin embargo, es indiscutible el valor de este primer paso, muy importante en la evolución intelectual y la propagación de nuevas ideas educativas, tan necesarias para el desarrollo y progreso de China.

X. LAS MUJERES EN LA UNIVERSIDAD DE PEKÍN

A la hora de enumerar los logros innovadores de Cai Yuanpei, aparte de su papel en la reforma de la lengua, carácter democrático y su visión de la ética y moral como núcleo de la educación, hay que destacar otro de sus hitos en su carrera como educador, y no es otro sino su labor en el ámbito de la enseñanza superior accesible para las mujeres.

Tal como apunta Lee:

> Cai was very different from these predecessors because he lived in a society that was ready for women's emancipation (…). Cai began to sympathize with the inferiority of Chinese women and perhaps identified that the lack of female schooling was a cause of the problem. He advocated the idea of equal education for women, not only because they were humans beings but also because China needed to offer mass education (including to both sexes) to make the nation strong. Developing the female schooling was a first step (Lee, 2009, p. 43).

Ya hemos expuesto anteriormente que la educación femenina palidecía en comparación con la de su contraparte masculina, dado que se esperaba que fuera el varón de la familia quien llevara la carga económica de la unidad doméstica. De hecho, seguía muy patente la ideología clásica y aún había un potente sector que no terminaba de ver con buenos ojos la nueva educación mixta o el acceso de las niñas a los colegios, no decir ya a las universidades, a las cuales no podían acceder. Incluso aquellas chicas que podían estudiar (un número muy bajo en comparación con el número de chicos), las materias a estudiar también solían diferir mucho: mientras que de ellos se esperaba que se preparasen como futuros reformistas, líderes, médicos, políticos, etc., a ellas se las educaba con un currículum enfocado a ser buenas esposas, madres y administradoras del hogar, algo que se veía reflejado en sus planes de estudios.

De hecho, el asunto de la educación femenina fue uno al que Cai Yuanpei tardó un poco en llegar, si bien fue un campo al que acabó aportando numerosas y fructíferas ideas. Intelectuales de su tiempo, tales como Kang Youwei o Liang Qichao le permitieron un enfoque más moderno y reflexivo, e incluso tomó referencias de pensadores anteriores, como Yu Zhengxie (1775-1840). En especial, de gran inspiración fueron los tratados y comentarios de Yu, quien criticaba el rol de la mujer en una sociedad confuciana y clásica, así como prácticas perjudiciales como el vendado de pies, la delicada situación de viudedad para ellas, la desigualdad dentro del matrimonio, la imposibilidad de solicitar el divorcio o casarse de nuevo, entre otras cosas; reflexiones que moldearon las ideas de Cai con respecto a la problemática del papel de la mujer en una sociedad nueva y moderna. Como defensor de los derechos humanos, en su pensamiento no entraba la imagen de la mujer exenta de recibir educación.

Otra gran inspiración para Cai Yuanpei fue Japón, país que se había desarrollado con décadas de ventaja con respecto a China gracias a una apertura más temprana a los occidentales durante el periodo Meiji (1868-1912), produciéndose, entre otras, un fuerte avance educativo, inclusive para las mujeres. Fue así, y en especial con la derrota de China en la Primera Guerra sino-japonesa, como Cai Yuanpei comenzó a ver al país nipón como una referencia para el proceso de modernización, y en este caso, para la educación femenina, usando el sistema educativo japonés como modelo.

Estas experiencias, junto a aquellas propias, desarrollarían y transformarían el plan educativo que tenía Cai Yuanpei para las mujeres. Bien es cierto que sus primeros pasos habían sido de corte más moderado, pero no cabe duda al respecto de que su trabajo fue uno que dio lugar a la educación femenina moderna en China.

Es necesario destacar que ya en sus acercamientos iniciales a las reformas de derechos humanos de la población femenina Cai Yuanpei criticaba algunos aspectos tradicionales que se les aplicaban a las mujeres. Así, Cai consideraba muy importante el desarrollo de las virtudes y aptitudes de cada género e individuo para su correspondiente y óptimo uso; de aquí que la educación mixta serviría para que los hombres y mujeres lograran la misma igualdad y desarrollo. Bien es cierto que, en teoría, la cercanía entre hombres y mujeres en la educación debía de ser mayor, pero en su aplicación, lo que aprendían unos y otros se distanciaba notablemente. Siendo la República de China un periodo surgido tras la caída de la dinastía Qing y un proyecto con unas bases inestables, la coeducación era algo que comenzó con pocas consideraciones reales, contando con muchos más detractores que apoyos. Sin embargo, esto nunca detuvo a Cai, ni siquiera antes de la proclamación de la República, apostando por la creación de centros para chicos y chicas (si bien separados unos de otros), como fue la Escuela Patriótica para Chicas, la cual imitaba en sus actividades y modelo curricular a la Escuela Práctica para chicas de Shimoda en Japón. El motivo de dividir a los chicos y chicas a pesar de estar estudiando en la misma institución respondía más a la necesidad de paliar o reducir el rechazo ante la coeducación para poder establecerla oficialmente años después, habiendo tomado primero este paso. En 1912 se logró la coeducación en niveles primarios y secundarios, y si bien ya hemos comprobado que la desigual proporción entre chicos y chicas fue una piedra angular en los avances de la educación femenina.

Asimismo, Cai se mostró contrario al vendado de pies, y presentó una lista de especificaciones muy concretas para, en caso de enviudar, poder volver a contraer matrimonio. Se proponían las siguientes condiciones: su nueva esposa no debía de tener los pies vendados, tendría que haber recibido educación y tenía la posibilidad de casarse de nuevo en caso de que ésta enviudara. A su vez, como esposo mantendría una relación monógama (es decir, no tomaría concubinas). La última exigencia era equitativa para ambos: en caso de desearlo, los dos podrían solicitar el divorcio siempre y cuando la convivencia y relación fuera complicada o problemática. Estas propuestas de Cai Yuanpei, muy contrarias a los ideales y preceptos clásicos y tradicionales de la sociedad, que él hizo públicas desde antes del periodo de la República, se consideraron muy progresistas e incluso extremistas en lo relacionado a las uniones matrimoniales y la jerarquía dentro de la familia, en la que se esperaba prácticamente una total sumisión de la esposa. Sin embargo, Cai Yuanpei tenía justificación para plantear tales condiciones:

> (…) [footbinding] represented the fact that the women were meant to serve their men physically, it was impossible to get far enough away not to do so. Denying education to women (…), again limited then. Concubinage … demeaned women. Also … concubines were taken to provide sons when the wife could not or had not, it again reduced the women's role (…) to reproduction. The celebrations of virtuous widowhood … again revealed the fundamental concept that a woman was to serve her man, and no others-even if he died. (…) the prohibition against divorce meant that if the male were dissatisfied, he could take concubines, while the female had no recourse at all, except suicide (Lee, 2007, p. 281).

Como se puede comprobar, las condiciones de Cai en caso de contraer de nuevo matrimonio eran unas primeras medidas para garantizar un trato más igualitario y justo entre los desposados, liberando a la mujer de las ataduras de la tradición clásica y patriarcal de la sociedad. Asimismo, como Liang Qichao, Cai Yuanpei también mostraba gran interés en que las mujeres pudieran conseguir su emancipación económica y dejaran de depender del marido y la familia: como se ha visto anteriormente, en caso de ser repudiada por el esposo a favor de una concubina y solicitar el marido el divorcio, la solución para muchas era quitarse la vida, pues no tenían otros medios con los que subsistir.

En la cuestión de la educación, Cai Yuanpei no aceptaba que la instrucción para la mujer se resumiera a la formación de una buena esposa y madre; el acceso a la educación garantizaría, posteriormente, la entrada al mercado laboral, lo cual supondría o bien un alivio económico en la familia (pasando de ser una persona mantenida a alguien que colaboraba en el sustento del hogar) y a tener un sueldo propio; bien colaboraría activamente con una sociedad en alza que necesitaba desesperadamente todo el apoyo posible para desarrollarse. También serviría de un modelo nuevo y más beneficioso para los hijos: seguiría siendo su primera educadora, pero no orientando solamente a los valores tradicionales, sino a aquellos que favorecerían el desarrollo y evolución de la nación. Movido por esta idea, Cai Yuanpei llegó incluso a incluir una serie de materias en la educación mixta que pudieran estudiar activamente tanto chicos como chicas.

Asimismo, Cai dio mucha importancia al fortalecimiento físico de las mujeres: mediante el vendaje de pies se las recluía en casa a merced del marido, reduciendo considerablemente su interacción con el mundo exterior. En palabras de Liang Qichao y Cai Yuanpei, el vendaje era una «amputación» para estas jóvenes, obstaculizando, al mismo tiempo, el desarrollo de China al tener, prácticamente, a la mitad de su población encerrada. En su nuevo plan de estudios primarios y secundarios Cai Yuanpei incluyó la educación física y la gimnasia para las chicas. Una mujer de mente brillante podría educar bien a sus hijos, pero era tan necesario que estuviera fuerte y sana físicamente para poder tener hijos también fuertes y sanos, acercándose así este planteamiento de Cai al pensamiento clásico espartano:

He proposed the abolition of footbinding in order to encourage girls to participate in sports and make them physically strong. He believed that physically strong girls would become physically strong mothers; the mother would in turn bear and rear physically strong offsprings. Consequently, China would be strengthened by being composed of physically strong citizens (Lee, 2007, p. 283).

Claro que de aquí puede surgir la pregunta: ¿qué valoraba Cai Yuanpei más, la independencia y desarrollo intelectual y físico de las mujeres, o el beneficio que podrían tener estas para sus esposos e hijos? Parece quedar patente que, en primera instancia, el rol de la mujer en este periodo de cambio y transformación sigue siendo más de soporte y apoyo que de desempeño de una función activa. También existían contradicciones en los ideales y teorías de Cai cuando muchas mujeres modernas de la sociedad china empezaron a rechazar el papel tradicional de madres y esposas, dado que preferían abrazar la soltería. De esta manera, ¿cómo podían cumplir el papel de buena madre y esposa que pudiera educar a sus hijos? Según Cai:

(…), as these single women had decided to cast aside their household rights and obligations, they were bound to be criticised by conservatives. (…) single women could not be an exemplary model for Chinese women in general, since they placed societal roles over domestic roles. Which should come first in his thinking: women's societal roles or domestic roles? (Lee, 2007, p. 283).

Así pues, si bien Cai apoyaba la idea del divorcio, parecía que el concepto de soltería antes o después del matrimonio no tuviese cabida en sus esquemas y planteamientos sociales, del mismo modo que su concepción de mujer trabajadora entraba mejor dentro de un núcleo familiar más que en una vida independiente. Como otros contemporáneos suyos, Cai defendía en teoría la transformación de la mujer y su función en sociedad, si bien en la práctica estaba todavía asentado en algunos conceptos clásicos. Así, por ejemplo, en la educación femenina no se excluyeron viejos libros de texto y manuales de las dinastías Han y Qing, si bien Cai rechazó algunos párrafos que destacaban la debilidad e inferioridad de la mujer.

En cuanto a la educación superior femenina, existían algunas universidades para ellas, si bien estaban administradas por religiosos extranjeros, habitualmente misioneros, tales como la Universidad de Jingling en Nankín. El acceso de las primeras estudiantes a la Universidad de Pekín es, por otro lado, una historia de resiliencia y acción por parte de las chicas que solicitaron estudiar en ese centro, situación donde Cai Yuanpei tendría un rol decisivo.

Esta transformación en la educación femenina se puede comprender únicamente en el contexto del Movimiento del Cuatro de Mayo, que tuvo lugar en 1919. A causa del Tratado de Versalles tras la Primera Guerra Mundial, donde China fue tratada más como un país vencido que aliado, obligado a ceder territorios y a pagar cuantiosas deudas, muchos estudiantes de diferentes ciudades y principalmente de la capital emprendieron una marcha como forma de protesta. La sociedad que antes hubiera servido de referencia idílica (esto es, la occidental, con sus numerosos avances tecnológicos, militares, sociales, culturales, económicos y políticos) volvió a percibirse con un tinte negativo. Cai Yuanpei fue directamente involucrado en este proceso, puesto que como rector de la institución académica tuvo que intervenir para liberar a algunos alumnos de la Universidad de Pekín encarcelados a raíz de la protesta. Aunque se inclinaba más a que los alumnos fueran estudiosos y no tan participativos en acciones políticas, lo que da una imagen de él más bien pasiva, fue en estos meses en los que Cai Yuanpei aprovechó para dar un paso decisivo en la educación femenina, pues fue el 19 de mayo de 1919 cuando recibió la primera carta de una joven, Deng Chunlan, solicitando estudiar en la Universidad de Pekín.

Deng Chunlan es una figura destacable para el arranque de la educación femenina superior en China. Hija de otro intelectual, Chunlan fue educada desde su infancia con unos valores y contenidos modernos, siendo de las primeras muchachas en recibir una instrucción que se alejaba de la tradicional. Es así como se convirtió en una ferviente creyente y defensora de los derechos de la mujer, la igualdad y la coeducación. Claramente, provenía de una familia instruida y de espíritu progresista donde recibía el apoyo paterno. En su emotiva y pasional misiva a Cai Yuanpei solicitaba con ahínco el poder entrar para estudiar en la Universidad de Pekín, alegando en la carta que era consciente del precedente que sentaría, y que ya era hora de que, al igual que en Europa y los Estados Unidos, la educación china abriera las puertas a la formación mixta de manera decisiva.

Es en estos momentos y ante esta situación concreta cuando Cai Yuanpei toma una decisión determinante, permitiendo el acceso de Deng Chunlan y otras ocho muchachas a la Universidad, antes de que nadie pudiera protestar al respecto. Para ello, el rector usó a su favor los propios estatutos y decretos de la Universidad de Pekín, los cuales en ninguna línea señalaban la prohibición del acceso de las mujeres al centro y a sus estudios: simplemente, como siempre se había dado por hecho que el lugar de estas chicas sería el hogar y el núcleo familiar, se obvió en la redacción de las normas cualquier regla que las vetase oficialmente el ingreso a la Universidad:

> The Ministry of Education immediately sent a letter to the university, warning that admission of girl students to the university should be carefully considered… But the existing laws on China did not prohibit coeducation. Taking advantage of this, Ts'ai, without asking permission of the government, formally allowed the nine girls to enroll as regular students after the summer of 1920. This was considered the beginning of coeducation in China… (Lee, 2007, p. 286).

De este modo, fue fundamental el existente vacío legal:

> The University Charter granted by the Education Department does not specify the admission of male students only. There were not women students simply because they had never applied before. Now that women are applying to study and if they have the required abilities, the University can find no reason to refuse them anymore (Lee, 1995, p. 359).

Es así como estas primeras mujeres entraron a la Universidad, si bien en calidad de «invitadas»; un hecho tan sonado que incluso protagonizó la primera página del periódico estudiantil. La información sobre estas alumnas ha llegado a nuestros días: conocemos sus nombres, las provincias de donde vinieron, así como los estudios que eligieron.

El inicio de la coeducación no puso el final a las polémicas o dificultades. Los más moderados creían que la instrucción mixta podría llevar a prácticas inmorales entre chicos y chicas, y un considerable sector de profesores conservadores de la propia Universidad de Pekín se oponía al nuevo modelo de coeducación. La postura de un grupo de profesores, establecidos en la Universidad para crear en ésta un ambiente diverso (una idea de Cai Yuanpei) junto con el pensamiento tradicional eran los contrapuntos a los planteamientos más radicales de Cai Yuanpei, quien, por ende, mantenía una posición más pasiva e incluso neutral, que como mediador en estas circunstancias.

La coeducación trajo, además, ideas de lo más dispares, como las de Jia Fengzhen:

> The first group favoured the idea of university co-education. (…) The second group strongly rejected the notion of university co-education (…). The third group believed that co-education should be implemented in primary schools and universities. (…) The final group argued that the new system should be introduced in primary schools only (Lee, 2007, p. 289).

Otro problema, una vez las principales quejas y protestas de los sectores conservadores se fueron apaciguando, fue la adaptación de los planes de estudio, equipamiento e incluso profesorado, en especial para mantener a estas chicas en calidad de alumnas, esto es: con el mismo trato y posibilidades que sus compañeros varones. Sin embargo, bien es cierto que, a pesar de que estas muchachas hubieran abierto las puertas a la coeducación, el número de mujeres que se seguía atreviendo a solicitar el acceso fue inicialmente muy bajo, siendo muchas todavía sometidas a la presión de una mentalidad muy tradicional.

Aun así, hay que destacar la valentía de estas chicas y la importancia de su deseo de estudiar en la Universidad, logro de gran peso en estos momentos de la historia educativa de China. No podemos olvidar que, a pesar de sus ideas adelantadas a su tiempo, Cai Yuanpei seguía con una pesada carga tradicional que lo hacía más reactivo que activo: en ocasiones era más un reformista pasivo, a la espera de algo que le obligara a reaccionar y actuar, que activo, tomando iniciativas propias. El caso de la educación femenina y el acceso de las mujeres a la Universidad es una de las muestras más claras, puesto que no fue hasta la petición de estas chicas en mayo de 1919, después de los eventos del Cuatro de Mayo, que Cai tomó partido y decidió permitirles el ingreso. No cabe duda de que, de no haber sido por el propio impulso de estas muchachas, las mujeres aún habrían tardado varios años más en acceder a los estudios universitarios, por lo cual este mérito bien podría considerarse compartido o incluso con un mayor valor de estas pioneras.

Durante una larga década cargada de cambios, Cai fue el rector de la institución educativa más importante de China. Estuvo involucrado en acontecimientos tales como el Movimiento del Cuatro de Mayo, la entrada de las mujeres a la universidad, cambio de estructura curricular, siendo partícipe de la reforma de la lengua, etc. Como sucede con frecuencia en la historia, hubo un momento en que Cai Yuanpei empezó a notarse muy distanciado de sus alumnos: lo que antaño para él había sido revolucionario, ahora era conservador; lo que anteriormente había sido radical, ahora palidecía con las nuevas ideas de los jóvenes estudiantes. Es así como, tras diez años al cargo, Cai Yuanpei dejó su puesto como rector para que la Universidad de Pekín entrara en una nueva fase de administración en manos de Cheng Daqi y Jiang Menglin.

Sin embargo, esto no supuso el descanso para Cai Yuanpei. Intelectualmente inquieto desde su juventud, en su etapa adulta y madura siguió muy interesado en el desarrollo educativo, aunque en este caso fuera de la Universidad. Es así como, aparte del Colegio nacional de Música de Shanghái y la Academia Nacional de Arte, Cai Yuanpei estuvo muy involucrado con un tercer centro, el cual fue la Academia Sínica. Fundada en el año 1928, la Academia Sínica presentaba una estructura de organización jerárquica, liderada por un presidente. Con el proyecto diseñado, Cai Yuanpei continuaba con su incansable labor para el desarrollo de la instrucción y educación moderna en China, siendo su propósito convertir la academia en un centro especializado en la investigación científica y un referente para otras instituciones. El propio Cai fue su primer presidente, desde la fundación de la academia hasta su muerte en 1940, ocupando el cargo durante casi trece años.

La tarea del presidente consistía en estar al mando de las nueve áreas de estudio de la academia (ingeniería, geología, ciencias sociales, astronomía, meteorología, psicología, química, física y filología e historia), cada una con un correspondiente representante. Imitando el modelo jerárquico y piramidal básico de la institución, cada área contaba con su propio instituto y estaba estructurada del mismo modo: al frente de cada instituto había un representante o presidente, seguido por personal científico e investigadores (tanto a tiempo parcial como completo). En 1935 se establecería un consejo de investigadores que serviría de ayuda y apoyo a la administración de la Academia, justo por debajo del presidente y por encima de los jefes de los institutos. En la base de la pirámide se ubicaban los dos museos donde se recopilarían los materiales con fin expositivo para el público (Greene, 2008, p. 23).

Entre las propuestas para arengar la actividad e investigación científica en el centro, destacaba la garantía para los investigadores de libertad total en los campos teóricos, así como la cooperación de los centros científicos con la sociedad, de manera que pudieran aplicarse los descubrimientos realizados a la vida cotidiana (por ejemplo, predicciones meteorológicas, de movimientos sísmicos y precipitaciones, etc.). Esta propuesta se llevó a cabo con un considerable éxito entre diferentes institutos científicos, produciendo a su vez grandes avances en las investigaciones (Gao, 1996, p. 412).

La Academia Sínica se apoyaba en tres pilares: un sector administrativo, otro de investigación y el tercero el de evaluación. Las características de cada parte fueron expuestas y explicadas por Cai Yuanpei en la segunda reunión del Primer Comité de Evaluación.

En primer lugar, Cai recalcó la importancia de la investigación de manera regular y persistente. Defendía y justificaba la necesidad de mantener a los científicos y miembros de la Academia en investigación constante, pues las labores realizadas requerían de tiempo; a más tiempo, más se garantizaba la mejor organización de los descubrimientos y datos. En segundo lugar, Cai hizo hincapié en las ciencias aplicadas, insistiendo en la urgencia de prestar atención a estas ciencias, dado que podían utilizarse de forma directa para la sociedad (partes meteorológicos, avisos sísmicos, etc.). Cai Yuanpei tenía confianza en la aceptación de las ciencias aplicadas y prácticas por parte del gobierno. En tercer y último lugar, Cai abordó el tema de las ciencias puras, las ciencias sociales y las humanidades, decidiendo incluirlas en la Academia Sínica y sus institutos a modo de contrapeso a las ciencias tecnológicas; una vez más, haciendo gala de su característico pensamiento humanista:

> Several technologies which have the most extensive applications, and the greatest economic value are grounded in the basic scientific research. Superficially, such research… has neither economic value nor application. Examples include some problems within the humanities. However, if the truth can be found and publicized, thus expanding the area of knowledge…, the impact, although slow and indirect, could be enormous (Gao, 1996, p. 410).

Para finalizar, Cai insistió en el concepto de la educación académica, del mismo modo que la propuso en su época de rector en la Universidad de Pekín.

Durante el periodo en que Cai Yuanpei estuvo de director en la Academia, esta institución presentó muy diversas líneas de investigación; sin embargo, la financiación que recibía por parte del gobierno era en realidad por motivos propagandísticos. De nuevo, el desarrollo militar y tecnológico (y, por consiguiente, su enseñanza e instrucción) fue más prioritario para el gobierno. Sin embargo, y diferente al concepto de centro humanístico que era la Universidad de Pekín, la Academia contaba con mayor prestigio y consideración para las autoridades dado que resultaba de utilidad para sus campañas de propaganda: gracias a esta institución el gobierno tenía acceso a los últimos descubrimientos científicos y tecnológicos sin tener por medio el proceso educativo de enseñanza, es decir, se relacionaba directamente con los investigadores, desponiendo inmediatamente con sus resultados.

La Academia Sínica como herramienta de propaganda sirvió al Kuomintang no únicamente dentro de China: también se valió de esta institución como medio propagandístico en el exterior, donde mostraban la Academia como un pilar y muestra del desarrollo de China:

The Academy's creation represented an international propaganda effort, a means by which the KMT could prove to Europe and America that China was, indeed, a modern nation, concerned with both domestic development and intellectual experimentation like the Western powers. China now had a government-funded institution for scientific, social-scientific, and humanities research that could facilitate international contact on an equal footing, contact that could at best result in transfers of technology and know-how and at the very least could lead to China's increased stature in the international world of academia (Greene, 2008, p. 24).

Para Cai Yuanpei era también muy importante la libertad de sus investigadores en la Academia: los trabajadores de esta contaban con una ventaja: pese a que el centro estuviera subvencionado y apoyado económicamente por el Kuomintang, mantenían su autonomía en sus investigaciones. Era vital que no existieran influencias y presiones externas por parte del gobierno, de forma que los científicos pudieran dedicarse en su campo con libertad y autonomía. También era sustancial para Cai Yuanpei reconocer el talento de otros compañeros, de manera que pudiera delegar las responsabilidades a investigadores mucho mejor preparados y capacitados. También se esforzaba por conseguir ayudas económicas para la Academia, sirviendo él de intermediario entre el gobierno y la institución. Se tiene constancia de ayudas ofrecidas por Cai directamente a los trabajadores e incluso a alumnos de los institutos de la Academia, con el objeto de mantener el desarrollo de estas personas: después de todo, el abandono de las investigaciones emprendidas por falta de fondos supondría una gran pérdida intelectual y científica.

A pesar de los exitosos primeros años de la Academia, el inicio de la Segunda Guerra sino-japonesa en 1937 significaría un obstáculo no sólo para la institución en cuestión sino para China entera. Más centrada en la supervivencia y la contienda militar que en el desarrollo intelectual, la Academia tuvo que posponer su labor investigadora: a la vez, la salud de Cai Yuanpei se iba deteriorando, y antes de que el conflicto bélico comenzara, el reformista se marchó a Hong Kong, estando así ausente en las consiguientes reuniones y sesiones de la institución. Sin duda alguna, después de haber vivido tantos conflictos en su juventud, Cai Yuanpei lamentó enormemente esta nueva guerra, dado que suponía, aparte de un duro golpe militar y una tragedia para la población, una pérdida intelectual para el país. Sin embargo, para la cuarta sesión plenaria de la Academia (a la cual, de nuevo, por motivos de salud no pudo asistir) envió una carta donde se mostraba optimista de cara al futuro:

Since the enemy invasion a year ago last August, the research institutes in cities of the Southeast and coastal areas have been forced to move to provinces in the Southwest... [which] must be considered a great academic loss. However, human history is full of examples of obstacles which have been overcome, and it's the scientists task to find a way out of these difficulties. (...), talented people from various areas have been brought together, and local institutions have offered assistance and cooperation, all of which are beneficial. We should not give up because we've been forced to move (Gao, 1996, p. 412).

Durante su estancia en Hong Kong, la salud de Cai Yuanpei no mejoró. Esto no le impidió pasar sus últimos años de vida trabajando y en constante contacto con la Academia Sínica, bien evaluando a los futuros miembros del consejo, bien resolviendo otros asuntos administrativos y organizativos en los que su opinión era altamente apreciada. Hasta el final de sus días en 1940, Cai siguió dedicando su vida a la idea de propagar la educación, la estética y la ciencia en China. Como dijo Gao Pingshu (1996), el florecimiento de la educación y la ciencia crecen en la nación china gracias a las semillas que alguna vez Cai Yuanpei plantó, siendo fruto directo de su actividad y dedicación como intelectual, reformista, pensador y, ante todo y siempre, educador.

CONCLUSIONES

La vida y obra de Cai Yuanpei como educador e intelectual es una trayectoria llena de logros y retos. En un contexto muy complicado para China, donde se pasó de dinastía a un proyecto de república fallido, con una guerra civil entre medias, una segunda guerra contra Japón y una final proclamación de república popular de política e ideología comunista. Sin duda, fue un periodo convulso que no parecía terminar nunca, donde se notaba un mayor impulso por la supervivencia de la nación y la urgencia de cambios radicales en las aulas.

Sin embargo, al igual que otros reformistas, Cai Yuanpei supo ver la importancia de la educación y la enseñanza como semilla para el futuro de China. Una educación ahora serviría para salvaguardar la nación del mañana, y no únicamente formando y modernizando los sectores más militarizados y tecnológicos, sino también en pos de convertir China en un país que pudiera convivir en un marco globalizado internacional, donde sus habitantes pudieran también vivir fomentando el enriquecimiento intelectual, moral y cuidar de los derechos humanos.

Figuras como Cai Yuanpei ha habido muchas a lo largo de la historia, independientemente del periodo o del lugar. Son estas personas cuyos nombres que, en su contexto histórico resuenan con fuerza y generan inspiración y determinación, si bien según pasa el tiempo y más nos alejamos de su época, más se difuminan y menos conocidos se vuelven para la gente. Mientras que los nombres de grandes políticos, revolucionarios o líderes se mantienen en el tiempo, aquellos de los que lucharon por la educación suelen encontrar un destino mucho más modesto y secundario. Si el líder comunista Mao Zedong es conocido en todo el mundo y las personalidades como Hu Shi o Lu Xun gozan de gran reconocimiento internacional, figuras como Cai Yuanpei, Sun Jianai o Deng Chunlan aparecen diluidas cuando llegan a Occidente, a menudo condenadas a ser breves notas al pie de página en escasos libros dedicados al tema, menospreciando de este modo la gran labor que desempeñaron en su tiempo.

El caso de Cai Yuanpei, desgraciadamente, no es el único. La memoria de muchos de estos reformistas se pierde y desdibuja, fuera y dentro de las fronteras que conforman las naciones, ignorando su sacrificio por la educación. Y por ello es necesario destacar y siempre recordar la huella que dejaron, salvando a estas vidas ilustres del olvido y la ingratitud. Los educadores no ganan las contiendas del campo de batalla, pero buscan ganar la guerra cultural, la de los derechos humanos, la de la paz, el arte y los valores universales. Sus enseñanzas sobreviven generaciones por encima de las vidas de los soldados y líderes, y se perpetúan en el seno de la sociedad.

Cai Yuanpei llevó una vigorosa labor educativa desde inicios del siglo XX hasta 1940, cuando falleció, pero esas pocas décadas de vida (si lo comparamos con la extensísima historia de China) sirvieron, junto a la actividad y trabajo de sus contemporáneos, para establecer unas bases importantísimas para la nación y su sistema educativo. La formalización de la educación mixta a todos los niveles, el acceso de la mujer a la universidad, la formación de academias científicas, la lucha por la educación musical y artística, su posición democrática y postura sobre la lengua moderna... Grandes pilares de la educación china hoy en día se levantaron gracias a la labor, comprensión y empatía de Cai Yuanpei, y es por ello que su reconocimiento debería ser elogiado no sólo en el campus de la Universidad de Pekín, sino servir de referencia de trabajo, tesón y amor al estudio para todo el mundo académico actual.

BIBLIOGRAFÍA

BAILEY, Paul (2012). *Gender and Education in China. Gender discourses and Women's Schooling in the Early Twentieth Century*. New York, USA: Routledge.

BENTON, Gregor (2011). *Chinese Migrants and Internationalism. Forgotten histories, 1917-1945*. London-New York, United Kingdom: Routledge.

BORÉVSKAYA, Nina Efímovna [Боревская Нина Ефимовна] (2013). Традиции и модернизация в китайском образовании. Цай Юаньпэй и путь к новому образованию в Китае. [*Tradiciones y modernización en la educación china. Cai Yuanpei y el camino hacia la nueva educación en China*]. Recuperado 9 de abril de 2023 de http://orkd.ifes-ras.ru/uploads/attach/2013/cai_yuanpei_prezent_2013

BOORMAN, Howard L., HOWARD, Richard C. & CHENG, Joseph K. H. (Eds.) (1970). *Biographical Dictionary of Republican China. Vol. III: MAO-WU*. New York-London: Columbia University Press.

BUSQUETS ALEMANY, Anna (2013). Cómo se desmoronó un imperio: la convulsión del mundo chino entre las guerras del opio y la instauración de la República en 1911. En Busquets Alemany, A., Gavín Munté, V.; Cantón Álvarez, J. A. & Ortega Santos, A. (Eds.), *China 1911. El fin de la era imperial*. Serie Renacimiento de Asia Oriental II (pp. 9-29). Granada, España: Comares.

BUSQUETS ALEMANY, Anna, GAVÍN MUNTÉ, Victor, CANTÓN ÁLVAREZ, José Antonio & ORTEGA SANTOS, Antonio (Eds.) (2013), *China 1911. El fin de la era imperial*. Serie Renacimiento de Asia Oriental II. Granada, España: Comares.

CAI, Yuanpei [蔡元培] (2012a). *Zìshù*. Hā'ěrbīn, Zhōngguó: Běifāng wényì chūbǎn shè [自述。 哈尔滨, 中国: 北方文艺出版社][*Autobiografía*. Harbin, China: Editorial de Literatura y Arte del Norte].

— [蔡元培] (2012b). *Wénxuǎn*. Shànghǎi, Zhōngguó: Shànghǎi yuǎndōng chūbǎn shè [文选。 上海,中国: 上海远东出版社] [*Antología*. Shanghái, China: Editorial del Oeste de Shanghái].

CEINOS, Pedro (2006). *Historia breve de China*. Madrid, España: Sílex ediciones.

CONFUCIO (2002). *Los Cuatro Libros* (Joaquín Pérez Arroyo, trad.). Barcelona, Buenos Aires, México: Paidós.

COULING, Samuel (Ed.) (1917). *The Encyclopaedia Sinica*. Shaghai-Singapore-Yokohama, China-Japan: Kelly and Walsh. Recuperado el 1 de octubre de 2023 de https://archive.org/details/encyclopaediasin-00couluoft/page/n7

CHANG, Wejen (1994). Legal Education in Ch'ing China. In Elman, B. A. & Woodside, A. (Eds.), *Education and Society in Late Imperial China, 1600-1900*. Berkeley, USA: University of California Press.

CHENG, Anne (2006). *Historia del pensamiento chino*. Barcelona, España: Edicions Bellaterra.

CHUDODÉEV, Yuri Vladímirovich [Чудодеев, Юрий Владимирович] (2013). Крах монархии в Китае. Москва, Россия: Институт Востоковедения Российской Академии наук, Крафт+. [*El colapso de la monarquía en China*. Moscú, Rusia: Instituto de Estudios Orientales de la Academia Rusa de Ciencias, Craft +].

DAHLSTROM, D. O. (2018). *Kant and his German Contemporaries*: Volume 2, Aesthetics, History, Politics, and Religion. Cambridge, United Kingdom: Cambridge University Press.

DÁLCHENKO, V. I. [Дальченко, В. И.] (1906). Китай и его вооруженные силы, *Вестник Европы*, 2, (1), 498-522. [China y sus fuerzas armadas. *Boletín de Europa*, 2 (1), 498-522]. Recuperado 1 de junio de 2018 de https://www.prlib.ru/item/323596

DEWEY, John (1998). *Democracia y educación*. Madrid, España: Ediciones Morata.

Diccionario de la lengua española (2019), (22.ª ed.). Real Academia Española. Recuperado el 16 de mayo de 2019 de https://dle.rae.es/?id=2WV0XUM

DUIKER, William J. (1977). *Ts'ai Yuan-p'ei: Educator of Modern China*. Pennsylvania, United States: The Pennsylvania State University Press.

ELMAN, Benjamin A. (2009). *Berkshire Encyclopedia of China*. Berkshire, United Kingdom: Berkshire Publishing Group.

ERGENÇ, Ceren (2005). *Chinese Nation-Building and Sun Yat-Sen: A Study on 1911 Revolution in China*. Ankara, Turquía: School of Social Sciences of Middle East Technical University.

FAIRBANK, John King & LIU, Kwang-Ching (Eds.) (2008). *The Cambridge History of China. Vol.10. Late Ch'ing, 1800-1911, Part 1*. Cambridge, United Kingdom: Cambridge University Press. https://doi.org/10.1017/CHOL9780521220293

FENG, Youlan [Фэн, Ю-лань] (1998). *Краткая история китайской философии*. Санкт-Петербург, Россия, Евразия. [*Breve historia de la filosofía china*. San Petersburgo, Rusia: Eurasia]. Recuperado el 11 de septiembre de 2023 de http://citeseerx.ist.psu.edu/viewdoc/download

GAO, Pingshu (1996). Cai Yuanpei's Contribution to China's Science. In Dainian F. & Cohen R.S: (Eds). *Chinese Studies in the History and Philosophy of Science and Technology. Boston Studies in the Philosophy of Science, Vol. 179*, (pp. 395-418). Dordrecht, Netherlands: Springer. https://doi.10.1007/978-94-015-8717-4.

GARCÍA-NOBLEJAS SÁNCHEZ-CENDAL, Gabriel (2012). *China: Pasado y presente de una gran civilización*. Madrid, España: Alianza Editorial.

GERNET, Jacques (2005). *El mundo chino*. Barcelona, España: Editorial Crítica.

GRAY, Jack (2002). *Rebellions and Revolutions: China from the 1800s to 2000. Short Oxford History of the Modern World*. Oxford, New York, USA, United Kingdom: Oxford University Press.

GREENE, J. Megan (2008). *The origins of the developmental state in Taiwan*. Cambridge, Massachusetts, London, USA: Harvard University Press.

HAO, Ping (2013). *Peking University and the origins of higher education in China*. Los Angeles, USA: Bridge21, Publications in association with Peking University Press.

HSÜ, Immanuel C.Y. (2000). *The Rise of Modern China*. New York, USA: Oxford University Press.

HU, Min [Ху, Мин] (2011). Основные направления реформирования университетской системы в Китае. Историко-педагогический журнал, 1, 154-160. [Las principales líneas de la reforma del sistema universitario en China, *Revista histórico-pedagógica, 1*, 154-160].

HU, Yi Juan [Ху И Цзюань] (2009). Музыкальное образование в Китае конца XIX и начала XX века, *Веснік Віцебскага дзяржаўнага ўніверсітэта*, 4 (54), 112-118. [La educación musical en China a finales del siglo XIX y principios del siglo XX, *Boletín de la Universidad Estatal de Vitebsk*, 4 (54), 112-118]. Recuperado 30 de marzo 2023 de https://lib.vsu.by/xmlui/handle/123456789/7318

JAMI, Catherine (1994). Learning Mathematical Sciences during the Early and Mid-Ch'ing. In Elman, B. A & Woodside, A. (Eds.), *Education and Society in Late Imperial China, 1600-1900*. Berkeley, USA: University of California Press.

KASKE, Elizabeth (2008). *The Politics of Language in Chinese Education, 1895-1919*. Leiden-Boston, Netherlands, USA: Brill.

KISELIOV, Valerii Anatólevich [Киселев, Валерий Анатольевич] (2017). *Формирование истории китайской философии как научной дисциплины в Китае*. Вестник Российского университета Дружбы народов. Серия: Философия, 21 (1), 24-32. [Formación de la historia de la filosofía china como una disciplina científica en China. *Boletín de la Universidad de Amistad de los Pueblos de Rusia. Serie: Filosofía, 21* (1),

24-32]. Recuperado 11 de octubre de 2023 de http://journals.rudn.ru/philosophy doi: 10.22363/2313-2302-2017-21-1-24-32

Korostovets, Iván Iákovlevich [Коростовец, Иван Яковлевич] (1892). Образование в Китае. *Вестник Европы*, (9), 173-188. [Educación en China. *Boletín de Europa* (9), 173-188]. Recuperado 28 de febrero 2023 de http://az.lib.ru/k/korostowec_i_j/text_1892_obrazovanie_v_kitae_oldorfo.shtml

Krivtsova, Natalia Leonídovna [Кривцова, Наталья Леонидовна] (2014). Балльно- рейтинговая система в университетах США. *Вестник Московского государственного университета культуры и искусств, 4* (60, июль-август), 128-131. [El sistema de puntuación y ranking en las universidades de los Estados Unidos. *Boletín de la Universidad Estatal de Cultura y Arte de Moscú, 4,* 128- 131]. Recuperado 8 de enero de 2019 de https://cyberleninka.ru/article/n/ballno-reytingovaya-sistema-v-universitetah- ssha

Lee, Yuen Ting (2007). Active or Passive Initiator: Cai Yuanpei's Admission of Women to Beijing University (1919-20). *Journal of the Royal Asiatic Society of Great Britain & Ireland, 17,* 279-299. doi:10.1017/s1356186307007250

Lee, Wong Yin (1995). Women's Education in Traditional and Modern China. *Women's History Review, 4* (3), 345-367. https://doi.org/10.1080/09612029500200092.

Leung, Angela Ki Che (1994). Elementary Education in the Lower Yangtze Region in the Seventeenth and Eighteenth Centuries. In Elman, B. A & Woodside, A. (Eds.), *Education and Society in Late Imperial China, 1600-1900*. Berkeley, USA: University of California Press.

Li, Yue [Ли, Юе] (2017). Историографический очерк развития общего музыкального образования в Китае с древнейших времен до рубежа XIX-XX веков, *Вестник Кемеровского государственного университета культуры и искусств, 40,* 215-225. [Ensayo historiográfico del desarrollo general de la educación musical en China desde la época antigua hasta la frontera entre los siglos XIX-XX. *Boletín de la Universidad Estatal de Cultura y Artes de Kémerovo, 40,* 215-225]. Recuperado 20 de septiembre 2023 de https://cyberleninka.ru/article/n/istoriograficheskiy-ocherk-razvitiya-obschego-muzykalnogo-obrazo-vaniya-v-kitae-s-drevneyshih-vremen-do-rubezha-xix-hh-vekov

Libbretch, Ulrich (1973). *Chinese Mathematics in the Thirteenth Century: The Shu-shu cihu-chang of Ch'ing in Chiu-shao*. Cambridge, USA: MIT Press.

Lin, Xiaoqing Diana (2005). *Peking University: Chinese Scholarship and Intellectuals 1898-1937*. Albany, USA: State University of New York Press.

Liu, Xinzhen & Li, Yongling [刘兴珍 & 李永林] (2006). *Zhōngguó yìshù tōngshí: Qín-hàn juǎn*. Běijīng, Zhōng-guó: Běijīng shīfàn dàxué chūbǎn shè [中国艺术通史: 秦汉卷。北京, 中国: 北京师范大学出版社] [*Historia general del arte chino: Volumen Qin-Han*. Pekín, China: Editorial de la Universidad Normal de Pekín].

Lui, Pablo Chen (1991). *La educación en China (1840-1985)*. (Tesis doctoral). Universidad Complutense de Madrid, Facultad de Filosofía y Ciencias de la Educación, Madrid, España.

Magdalena Mironesko, Alexandra (2019). Por el camino de la modernización: el Príncipe Gong y la Universidad de Pekín. En Martín Ríos, J. (Ed.), *Estudios lingüísticos y culturales sobre China: Homenaje a Pedro San Ginés Aguilar*. Serie Renacimiento de Asia Oriental (pp. 199-209). Granada, España: Comares.

— (2020a), Esperanto vs. lengua vernácula en China a principios del siglo XX: la problemática y las propuestas reformistas, *Cultura, Lenguaje y Representación*, XXIII, pp. 109-120. doi: http://dx.doi.org/10.6035/clr.2020.23.7 http://www.e-revistes.uji.es/index.php/clr

— (2020b), Las reformas en la lengua china de los siglos XIX y XX: de la lengua clásica al estilo *baihua, Boletín de la Sociedad Castellonense de Cultura*, XCVI, Enero-Diciembre, pp. 59-72.

— (2021). La educación militar en la China imperial de la última dinastía, *Boletín de la Sociedad Castellonense de Cultura*, Tomo XCVII, Enero-Diciembre, pp. 155-173.

Mann, Susan (1994). The Education of Daughters in the Mid-Ch'ing Period. In Elman, B. A. & Woodside, A. (Eds.), *Education and Society in Late Imperial China, 1600-1900*. Berkeley, USA: University of California Press.

— (2008). Women, Families and Gender relations. In Peterson, W. (Ed.). *The Cambridge History of China. Vol. 9. Part 1, Ch'ing Empire to 1800* (pp. 438-472). Cambridge, United Kingdom: Cambridge University Press.

Martín Ríos, Javier (2012). El debate sobre la lengua escrita en las primeras décadas del siglo XX en China: traducción, literatura y educación. En Luque Nadal, L. (Ed.) *Transculturalidad, lenguaje e integración. Investigaciones en fraseología contrastiva actual* (pp. 339-352). Granada, España: Editores Educatori.

— (2014). El papel de la traducción en la reforma del pensamiento y la literatura de China durante las postrimerías de la dinastía Qing. En García-Noblejas Sánchez-Cendal, J. G. (Ed.). *Estudios de traducción e interpretación chino-español.* Granada, España: Editorial de la Universidad de Granada, pp. 103-131.

Martinelli, Franco (1975). *Historia de China.* Barcelona, España: Editorial De Vecchi.

McQuillan, J. Colin (2018). Chapter 1. Baumgarten, Meier, and Kant on Aesthetic Perfection, *Kant and his German Contemporaries*, Volume 2. *Aesthetics, History, Politics, and Religion* (pp. 13-27). Cambridge, United Kingdom: Cambridge University Press. DOI: https://doi.org/10.1017/9781316823415.002

Mininger, Jay Daniel & Peck, Jason Michael (2016). *German Aesthetics: Fundamental Concepts from Baumgarten to Adorno.* USA: Bloomsbury Publishing.

Miyazaki, Ichisada (1981). *China's Examination Hell: The Civil Service Examinations of Imperial China.* Yale, USA: Yale University Press.

Nepomnin, Oleg Efímovich [Непомнин, Олег Ефимович] (1980). *Социально-экономическая история Китая, 1894-1914 гг.* Москва, Россия: Наука. [*La historia sociopolítica de China, años 1894-1914.* Moscú, Rusia: Ciencia].

Nepomnin, Oleg Efímovich [Непомнин, Олег Ефимович] (2005). *История Китая: Эпоха Цин. XVII - начало XX века.* Москва, Россия: Восточная литература. [*Historia de China: época Qing. Siglo XVII – principios del siglo XX.* Moscú, Rusia: Literatura Oriental].

Nepomnin, Oleg Efímovich [Непомнин, Олег Ефимович] (2011). *История Китая. XX век.* Москва, Россия: Институт Востоковедения Российской Академии наук, Крафт+. [*Historia de China: siglo XX.* Moscú, Rusia: Instituto de Estudios Orientales de la Academia Rusa de Ciencias, Craft +].

Nguyen, Anh (2016). *Reconstructing Liang Qichao.* Richmond, Indiana, USA: Earlham College. Recuperado el 7 de julio de 2023 de http://earlham.edu/academics/programs/history/earlham-historical-journal/

Ortega Santos, Antonio (2013). Sun Yat-sen: un cambio político para la China del siglo XX. En Busquets, A.; Gavín, V.; Cantón, J. A. & Ortega, A. (Eds.), *China 1911. El fin de la era imperial.* Serie Renacimiento de Asia Oriental II (pp. 91-99). Granada, España: Comares.

Popov, Pável Stepánovich [Попов, Павел Степанович] (1899). Проблески пробуждения Китая. Письмо из Пекина, *Вестник Европы, 1 (*1, январь), 187-206. [Destellos del despertar de China. Carta de Pekín, *Boletín de Europa, 1*(1, enero), 187-206].

Roberts, J. A. G. (2008). *Historia de China.* Valencia, España: Publicacions de la Universitat de València.

Schirokauer, Conrad & Brown, Miranda (2006). *Breve historia de la civilización china.* Barcelona, España: Edicions Bellaterra.

Schirokauer, Conrad, Lurie, David & Gay, Suzanne (2014). *Breve historia de la civilización japonesa.* Barcelona, España: Edicions Bellaterra.

Soëtard, Michel (1999). Johann Heinrich Pestalozzi (1746-1827), *Perspectivas: revista trimestral de educación comparada, 24* (1-2), 299-313. Recuperado el 17 de mayo de 2022 de http://www.ibe.unesco.org/en/document/thinkers-education

Spence, Jonathan D. (2011). *En busca de la China moderna.* Barcelona, España: Tusquets Editores.

Sun Yat-Sen (1927). *Dr. Sun Yat-Sen: his life and achievements.* Recuperado el 22 de abril de 2023 de https://archive.org/details/drsunyatsenhisli00sunyuoft/page/12

Tay, Wei Leong (2010). Kang Youwei, the Martin Luther of Confucianism and his vision of Confucian modernity and nation. In *Secularization, religion and the state, 17* (pp.97-109). Tokyo, Japan: University of Tokyo Center for Philosophy & National University of Singapore Workshop.

Usmanova, Irina, Martynov, Dmitri & Martynova, Yulia (2016). Confucian Religion and Education System in the Kang Youwei's Reform Plans (At the Turn of the 19th-20th Centuries). *The Social Sciences, 11,* 6805-6808.

Von glahn, Richard (2016). *The Economic History of China: From Antiquity to the Nineteenth Century.* Cambridge, United Kingdom: Cambridge University Press.

WAKEMAN, Frederic Jr. (2008). The Canton trade and the Opium War. In Fairbank, J. K. (Ed.). *The Cambridge History of China. Vol.10, Late Ch'ing, 1800-1911. Vol. 10, Late Ch'ing, 1800-1911. Part 1* (pp. 163-212). Cambridge, United Kingdom: Cambridge University Press.

WESTBROOK, Robert B. (1993). John Dewey, *Prospects: Quarterly Reviews of Education: Thinkers on Education, 23* (1/2), (85/86), 277-293.

XIU, Hailin [修海林] (2000). *Zhōngguó Gǔdài Yīnyuè Shǐliào jí Míngshǐ juǎn.* Běijīng, Zhōngguó: Shìjiè túshū chūbǎn xī'ān gōngsī [中国古代音乐史料集明史卷。北京, 中国: 世界图书出版西安公司] [*Historia de la educación musical en la China antigua: la dinastía Ming.* Beijing, China: Compañía de Mundo de Publicaciones de Libros de Xi'an].

YAO, Xinzhong (2001). *El confucianismo.* Madrid: AKAL.

ZHANG, Lizhong (1990). Perfiles de educadores: Cai Yuanpei (1868-1940). *Perspectivas: Revista trimestral de educación comparada, 1,* 143-150.

— (1993). Cai Yuanpei. *Prospects: Quarterly Reviews of Education: Thinkers on Education, 23* (1/2) (85/86), 147-157.

ZHANG, Yu & LOVRICH, Nicholas (2016). Portrait of justice: The spirit of Chinese law as depicted in historical and contemporary drama, *Global Media China, 14,* 372-389. https://doi.org/10.1177/2059436416678220

GLOSARIO

爱国女学校	Escuela Patriótica para Chicas
八股文	Ensayo de Ocho Partes
白话	lengua vernacular
北安	Bei' an
北京大学	Universidad de Pekín
北京强学会	Sociedad de Fortalecimiento Nacional de Pekín
鄙	«Vulgaridad de la educación»
蔡元培	Cai Yuanpei (1868-1940)
长安	Chang'an
陈天华	Chen Tianhua (1875-1905)
慈安太后	Emperatriz Ci'an
慈禧太后	Cíxǐ Tàihòu - Emperatriz Viuda Cixi
大三愿	Tres grandes objetivos
大同	Gran Unidad
大学令	*Decreto Universitario*
大学规程	*Regulaciones Universitarias*
道	Dào
德	Los principios morales y éticos
邓春兰	Deng Chunlan (1898-1982)
第二次鸦片战争	Segunda Guerra del Opio (1856-1860).
第一次鸦片战争	Primera Guerra del Opio (1839-1842).
殿试	Exámenes de palacio
东学党起义	Rebelión Tonghak en Corea (1894-1895)
董仲舒	Dong Zhongshu (179–104 a.C.)
法	Ley o norma
范源濂	Fan Yuanlian (1872-1927)
浮	Superficialidad del estudio
府试	Examen de prefectura
辅仁文社	Sociedad Literaria de Furen
«公羊传»	*Comentario de Gonyang*
恭亲王	Príncipe Gong (1833-1898)
光复会	Sociedad de la Restauración
国民党四大元老	«Los Cuatro Hombres de Estado del Partido Nacionalista»

国民党	Partido Nacionalista
汉朝	Dinastía Han (206 d.C-220 d.C)
汉字	Caracteres chinos
翰林院	Academia de Hanlin
胡次珊君	Sr. Hu Sishan
会试	Examen metropolitano
贾丰臻	Jia Fengzhen
蒋梦麟	Jiang Mengling (1886-1964)
江苏报	*Periódico de Jiangsu*
孑民	Jie Min (seudónimo de Cai Yuanpei)
君子	«Hombre ideal»
金陵女子大学	Universidad de Jingling en Nankín
康有为	Kang Youwei (1858-1927)
孔子	Confucio (551 a.C -479 a.C)
礼	Los ritos y ceremonias
李大钊	Li Dazhao (1888-1927)
李石曾	Li Shizheng (1881-1973)
鲁迅	Lu Xun (1891-1936)
黎元洪	Li Yuanhong (1864-1928)
梁启超	Liang Qichao (1873-1929)
林白水	Lin Baishui (1874-1926)
林则徐	Lin Zexu (1785-1850
乱	«Desorden de los contenidos»
论语	*Analectas*
马关条约	Tratado de Shimonoseki (1895)
马相伯君	Sr. Ma Xiangbo
毛泽东	Mao Zedong (1893-1976)
明治	Era Meiji (1868-1912)
明朝	Dinastía Ming (1368-1644)
南京条约	Tratado de Nankín
南洋公学	Escuela Pública Nanyang
潘耒	Pan Lei (1646-1708)
清朝	Dinastía Qing (1636-1912)
青岛	Qingdao
欺	«Engaño de la educación»
三从四德	*Tres Obediencias y Cuatro Virtudes.*
三民主义	«Tres Principios del Pueblo»
上海爱国学校	Academia Patriótica
绍兴市	Shaoxing
绍兴中西学堂监督	Escuela de Aprendizaje de China y Occidente de Shaoxing
士	«Shi»
四书	Los *Cuatro Libros*
孙眉	Sun Mei
孙家鼐	Sun Jianai (1827-1909
孙子	Sun Tzu (Sūnzi, 544 a.C-496 a.C)
孙文	Sun Wen - nombre de nacimiento de Sun Yat-Sen (1866-1925)
孙中山	Sun Zhongshan - Sun Yat-Sen (1866-1925)
同文馆	Colegio de Conocimientos Combinados
天津条约	Tratado de Tianjin
五经	*Cinco Clásicos*

吴稚晖	Wu Shihui (1865-1953)
五四运动	Movimiento del 4 de Mayo
吴植挥	Wu Zhihui (1856-1953)
戊戌变法	Reforma de los Cien Días
蒽	«Inspiración al temor al maestro»
习俗	Las costumbres y hábitos;
县试	Examen de distrito
乡试	Examen de provincia
新军	Nuevo Ejército
新小说	Nueva Novela
新文化运动	Movimiento de la Nueva cultura
兴中会	Sociedad para la Regeneración de China
严幼陵君	Yan Youling
院试	Tercer examen eliminatorio de calificación
俞正燮	Yu Zhengxie (1775-1840)
云南	Yunnan
章太炎	Zhang Taiyan (1869-1936)
张人杰;	Zhang Renjie (1877-1950)
张之洞	Zhang Zhidong (1837-1909)
浙江	Zhejiang
枝	«Desmotivación del alumno»
中国教育会	Asociación de Educación China
中国抗日战争	Guerra sino-japonesa
中国同盟会	Alianza Revolucionaria de China
中国文字改革委员会	Comité de Reforma de la Escritura China
中央研究院	Academia Sínica
总理衙门	Oficina de Asuntos Exteriores

colección

RENACIMIENTO DE ASIA ORIENTAL

Director: JAVIER MARTÍN RÍOS